라블레, 새로운 글쓰기의 모험

유석호 지음

연세대학교 대학출판문화원

라블레, 새로운 글쓰기의 모험

지은이 유석호
발 행 연세대학교 대학출판문화원
주 소 서울특별시 서대문구 연세로 50
전 화 02)2123-3380~2
팩 스 02)2123-8673
http://press.yonsei.ac.kr
ysup@yonsei.ac.kr
등 록 1955년 10월 13일 제9-60호
인 쇄 동호커뮤니케이션즈

2016년 7월 15일 1판 1쇄
ISBN 978-89-6850-158-6 (93800)

값 12,000원

머리말

프랑스 문학의 역사를 기원에서부터 훑다 보면 그 전개 과정에서 쉽게 풀리지 않는, 그렇다고 피할 수도 없는 근본적인 문제 하나와 마주치게 된다. 호메로스 이후 그리스·로마 고전문학의 찬란한 전통이 왜 유럽의 중세문학에서는 제대로 계승되지 못하고 급격한 질적 저하를 겪게 되는가 하는 문제가 그것이다. 물론 언어의 차이를 들어 어느 정도는 설명이 가능하다. 로마제국 시대에 공용어로 사용되던 라틴어가 중세 초기 유럽 각 지역의 토착어들과 결합해서 민족어로 분화하는 과정에서 중세문학은 어휘 부족과 문법 체계의 미비로 인하여 초보적인 수준의 문학작품밖에는 생산할 수 없는 불모의 시기를 겪어야 했기 때문이다. 그렇지만 문학작품의 창작은 어차피 지식인 계급에 속하는 소수의 전문작가들에 의해서 이루어지는 고도의 지적 작업이므로 그리스·로마의 문화적 전통을 계승하지 못했던 것이 단지 언어 문제만으로는 설명이 되지 않는다. 또 다른 중요한 이유는 중세라는 시대가 거의 전적으로 가톨릭교회 중심의 라틴어 문화 권력에 종속되어 있었다는 사실에서 찾을 수 있다. 특히 그리스 고전은 중세에는 거의 읽히지 않았다고 해도 과언이 아닐 정도로 고전 연구는 라틴어 일변도로 이루어졌기 때문에 서양 고전문화의 원류로서의 그리스적 전통은 단절될 수밖에 없었던 것이다. 그리스 비극의 경우만 하더라도 지금은 이름만 전해질 뿐 남아 있지 않은 작품들이 대부분이고, 라틴 고전들도 특히 이교 시대의 작품들은 사람들의 관심 밖으로 밀려나 잊혀져버린 경우가 적지 않았던 것이 사실이다. 중세와 구별지어 르네상스 시대를 문예부흥의 시대라고 정의하는 것은 새로운 시대가 염원하던 변화의 동력을 그리스·라틴 고전의 재발견에서 찾을 수 있었기 때문이다. 이후 그 전통을 이어받은 신고전주의 문화와 예술이 근대 사회의 정신적·문화적 기반을 이루게 되는 것을 보면 르네상스 시대가 서구 문명의 발전 과정에서 얼마나 중요한 전환기였는지를 이해할 수 있다.

프랑스 르네상스 문학, 그중에서 적어도 산문문학은 라블레가 작품 활동을 하던 시기 이전과 이후로 나누어질 만큼 그가 차지하는 비중은 절대적이다. 중세 궁정소설의 전통은 이미 오래전에 대표적인 작품들의 창작이 종료된 이후 명맥만 유지해오다가 14~15세기에 걸쳐 점차 산문화 과정을 통하여 대중적인 기사도 소설로 바뀌면서 그 생명력이 고갈되기에 이르렀고, 이탈리아의 보카치오에서 시작된 새로운 단편소설의 유행으로 인해서 15~16세기 프랑스에서 많은 단편집들이 양산되기는 했지만 몇몇 작품들 정도가 문학사에서 언급될 뿐 르네상스라는 새로운 시대의 서사문학을 대표할 만한 주도적 장르로 자리 잡지 못했던 것이다. 라블레의 팡타그뤼엘 연작은 바로 이와 같은 시대 상황 속에서 프랑스 근대소설의 문을 연 기념비적 작품이라 할 수 있다.

프랑스 근대소설은 라블레에게서 시작된다고 말해도 지나치지 않을 만큼 팡타그뤼엘 연작은 시대를 앞서 소설이라는 새로운 장르의 잠재적 가능성과 포용력을 보여주었다는 평가를 받는다. 그의 첫 작품이 발표되었던 1530년대 초반만 하더라도 소설이 하나의 문학 장르로 정착되기 이전이라 작품 구상에서부터 서술방식에 이르기까지 모든 문제를 작가가 개인적인 능력으로 해결해야 하는 상황이었다. 당시에는 로망(roman)이라는 말이 로망어[1]로 씌어진 문헌이라는 뜻으로 아직 문학 장르를 가리키는 용어로 정착되기 전이었으므로 그는 자신의 작품에 대해서도 일반적인 의미로 역사나 이야기 같은 포괄적인 개념의 이름을 붙일 수밖에 없었던 것이다. 명칭뿐 아니라 작품의 성격과 전체적 구상에 관해서 처음부터 구체적이고 정확한 계획이 서있지는 않았던 것으로 여겨진다.[2] 라블레로서는 자신이 접할 수 있었던 기존의 여러 이야기책들을 참고해서 자신의 구상에 맞는 새로운 유형의 작품을 만들어내야 했던 것이다.

그리고 라블레 소설에서 또 한 가지 흥미로운 사실은 집필 시기별

---

1) 프랑스어, 이탈리아어, 에스파냐어, 포르투갈어, 루마니아어 등 라틴어에서 파생한 유럽 남부 지역의 언어들을 포괄적으로 가리키는 용어이다.

2) 라블레가 『팡타그뤼엘』의 에필로그에서 예고한 파뉘르주와 팡타그뤼엘의 결혼, 지옥 방문, 달나라 여행 등 속편에서 다루려고 했던 사건들이 실제로는 거의 실현되지 않는 것을 보면 처음에는 작품 집필 계획 자체가 매우 유동적이었던 것을 알 수 있다.

로 작품의 스타일에 상당히 큰 변화가 나타난다는 점이다. 초기의 『팡타그뤼엘』(1532)과 『가르강튀아』(1534)는 거인왕의 일대기답게 연대기나 기사도 소설의 패턴에 따라 주인공의 출생, 성장, 교육, 전쟁에서의 무훈 순으로 이야기가 진행된다. 이에 비해서 파뉘르주가 결혼을 해야 할 것인가 말아야 할 것인가에 관한 일련의 문답으로 이루어진 『제3서』(1546)는 연극 대사 같은 대화체 형식이고, 신성한 술병의 신탁을 찾아 떠나는 모험담으로 이루어진 『제4서』(1548, 1552)와 『제5서』(1564)는 환상적 여행기의 유형에 속한다. 한 작가의 작품, 그것도 동일한 주인공이 등장하는 연작들에서 20여 년의 시간차를 감안하더라도 이렇게 큰 변화가 나타나게 되는 것은 결국 소설이라는 장르가 아직 내용이나 형식면에서 일정한 체계나 규범을 갖추지 못했던 것을 주요한 원인 중의 하나로 꼽을 수 있다. 이 같이 열악한 조건 속에서 라블레로서는 작품을 쓴다는 것이 매번 새로운 시도, 새로운 글쓰기의 모험이었을 것이다. 라블레 특유의 시대를 앞선 놀라운 실험정신과 기발한 상상력도 적어도 부분적으로는 본받을 만한 모델이 부재했기 때문에 어떤 식으로든 스스로 해결책을 찾을 수밖에 없었던 시대 상황에서 그 원인을 찾을 수 있지 않을까 하는 생각도 든다. 이는 당시에 작가가 참고할 만한 기존 작품들이 전혀 없었다거나 라블레의 모든 창작이 전적으로 그의 독창성의 산물이라는 뜻은 물론 아니다. 실제로 그는 민중문화와 구전문학의 전통뿐 아니라 그리스·로마의 고전과 중세로부터 동시대에 이르기까지 유럽과 프랑스 작가들의 작품 심지어는 작자 미상의 대중문학 작품들까지도 이용 가치만 있으면 주저하지 않고 적극적으로 수용해서 자신의 구상에 맞게 변형시켜 자신의 작품세계에 통합시키는 놀라운 변통의 능력을 유감없이 발휘했던 것이다.

우리는 이 연구를 통해서 프랑스 소설의 발전 과정에서 라블레가 어떤 기여를 한 것인지, 그의 새로운 글쓰기의 모험이 프랑스 소설의 지평을 얼마나 넓혔는지를 규명해보고자 한다. 위대한 작가는 그 이전에는 아무도 보지도 생각하지도 못했던 문학의 새로운 경지를 우리에게 열어 보여주는 특별한 존재이기 때문에 한 사람의 천재가 나타날 때마다 문학에 대한 우리의 이해는 그만큼 넓어지고 깊어질 수 있는 것이다. 이를 위해서 우선 통시적으로 라블레 소설 이전과 이후의 서구문학의 전통이라는 맥락 속에서 라블레의 위상을 점검해볼 것이다. 다음으로 팡타그뤼엘 연작의 구성과 서술방식의 특징을 작품별로 분석함으로써 라블레가 그 이전의 작가들, 그리고 동시대의 다른 작가들과 어떤 점에서 차이가 나는지, 그의 독창적 작품세계가 어떻게 형성되는지를 서사문학의 차원에서 체계적으로 정리할 것이다. 그리고 이 과정에서 팡타그뤼엘 연작의 다른 작품들과 서술방식을 비교·분석한 결과를 바탕으로 라블레 연구자들 사이에서 영원한 수수께끼로 남아 있는 『제5서』의 진위문제에 관해서 나름대로 일관성 있는 해답을 찾아보고자 한다.

라블레 소설 연구를 통해서 우리가 궁극적으로 지향하는 목표는 서구의 서사문학의 전통과 근대소설, 특히 희극소설의 발전과정을 따라가면서 라블레가 차지하는 위상과 후대의 작가들에게 미친 영향 관계를 확인해보는 것이다. 마지막 장에서 세르반테스, 로렌스 스턴 같은 다른 나라, 다른 시대의 작가들과의 비교를 시도해본 것도 이 세 사람이 각자 나름대로 유럽 근대 희극소설의 형성에 결정적 기여를 한 것으로 믿기 때문이다. 여기에서 지금도 새롭게 느껴지고 읽힐 수 있는 라블레의 현대성의 원인을 찾을 수 있을 것으로 기대한다. 그동안 진행해왔던 라블레 작품의 번역판 개정작업과 함께 이제 라블레에 관한 연구서를 집필하는 것으로 30여 년간 계속해온 작가 연구를 일단 한 단계 마무리 지을 수 있게 되어 큰 숙제는 마쳤다는 안도감이 든다. 앞으로도 물론 라블레에 대한 관심의 끈을 놓지 않고 계속 책을 읽어나가겠지만 이제는 한 작가 연구에 매달리기보다는 몽테뉴처럼 여유자적하게 인생의 경험과 그동안 공부해온 문학에 대한 개인적 이해를 함께 담을 수 있는 글을 쓰고 싶다.

2016년 2월

유 석 호

차 례

I. 라블레 소설의 기원

통상적으로 유럽에서는 서사문학의 역사가 고대 그리스의 음유시인 호메로스에서 시작되는 것으로 생각한다. 기원전 8세기 경 그리스 알파벳으로 기록된 최초의 문학작품으로 알려진 호메로스의 『일리아스』는 트로이아 전쟁의 가장 치열했던 전투, 그중에서 아킬레우스의 분노에서 헥토르의 죽음까지의 사건을 다룬 서사시이다. 고대 그리스문학에서 서사시와 비극은 운문으로 씌어지고 신화를 소재로 한다는 점에서 우리가 생각하는 현실세계를 대상으로 하는 소설과는 사건의 성격과 구성, 서술방식 등에서 현격한 차이가 난다. 우선 고전문학의 장르에서는 작가와 독자 또는 청중들이 처해 있는 현실과 작품세계 사이에 서사시적 거리(distance épique)[1]가 존재하게 마련이다. 신화를 배경으로 한 사건

1) 원래 독일 고전주의 시대 괴테와 실러가 사용했던 용어로서 바흐친은 서사시의 세계가 소통

의 진행은 누구나 이미 알고 있는 줄거리에서 벗어날 수 없을 뿐더러 사건과 관련된 인물들의 성격과 역할 역시 고정불변이므로 작가의 자유로운 창작의 여지는 매우 제한적일 수밖에 없는 것이 고전문학의 속성이다. 다시 말해서 조상 대대로 전해져온 이야기 그대로 기억하고 존중해야 할 과거의 완결된 세계를 재현하는 것이다.

고대 그리스 시대에 현실세계를 대상으로 하는 문학이 없었던 것은 물론 아니다. 희극과 그리스 소설에서는 우리에게 친숙한 일상의 삶을 살아가는 보통 사람들을 만나게 된다. 아리스토텔레스가 『시학』에서 희극을 저급한 인물들이 등장하는 극형식의 작품이라고 정의한 대로 희극에서는 약점을 지닌 탓에 더 친근하고 현실감 있게 느껴지는 평범한 사람들의 일상 속에서의 희로애락을 숨김없이 때로는 과장된 모습으로 무대 위에 올리게 된다. 사건의 시간 역시 절대적 과거에 속하는 서사시의 세계처럼 현재와 단절되어 있지 않다. 그러므로 우리의 시각에서 지금 우리 주변에서 일어나고 있는 시사적 사건에 대한 풍자와 조롱이 용인되는 것이 희극의 세계이다.

희극보다 훨씬 늦게 고대문명의 주도권이 그리스에서 로마제국으로 넘어간 이후인 1~3세기경에 주로 씌어진 것으로 추정되는 그리스 소설은 현재 남아 있는 작품이 몇 편 되지 않는데,[2] 연애 모험소설이라는 공통된

이 불가능하게 단절되어 있는 절대적 시간의 영역이므로 작가의 현실이 반영될 수 없다는 점에서 소설과 근본적으로 차이가 난다고 지적한다. (Mikhaïl Bakhtine, *Esthétique et théorie du roman*, Gallimard, 1978, 449쪽).

2) 현재 전해지는 작품은 카리톤의 『카이레아스와 칼리로에』, 에페소스의 크세노폰이 쓴 『에페소스 이야기』, 아킬레우스 티티오스의 『레우키페와 클레토폰 이야기』, 롱고스의 『다프니스와 클로에』, 헬리오도로스의 『에티오피아 이야기』가 있다. (마틴 호제, 『희랍 문학사』, 김남우 옮

성격을 지니고 있다. 사랑하는 청춘남녀가 헤어져 각자 많은 시련과 모험을 겪은 후에 다시 만나 행복한 결혼에 이르게 된다는 기본 줄거리가 그대로 유지되는 것이 그리스 소설의 특징이다. 뛰어난 용모, 높은 도덕성, 변함없는 사랑의 열정 등 주인공을 이상화하는 경향이 있고 예상 밖의 제삼자의 개입으로 위기 상황이 해소되는 식의 우연의 남발로 인해서 작위적이라는 인상을 주기는 하지만, 사건의 구성과 전개가 비교적 짜임새가 있고 사건의 배경 역시 현실세계를 기반으로 한다는 점에서 그리스·로마 고전문학에서 서구 근대소설의 원형을 찾는다면 그리스 소설이 내용이나 형식면에서 가장 가까운 모델이라 할 수 있을 것이다.

그리스·로마 고전문학의 전통 못지않게 라블레 소설의 기원과 관련해서 중요하게 고려해야 할 것은 유럽 중세문학의 형성기에 새로운 서사문학의 성격과 서술방식에 직접 영향을 미친 민중문화와 구전문학의 전통이다. 민중문화는 러시아의 문예비평가 미하일 바흐친에 의하면 서구의 민속적 전통에 기반을 둔 자생적인 문화로서 인간 본연의 기질과 성향에 대한 강제적 억압을 거부하는 자유로움과 기존의 권위와 질서로부터의 이탈로 특징 지워진다. 그리스·로마 고전문학의 장르들 특히 서사시와 비극이 지배계급의 이데올로기와 가치체계를 반영하는 공식적 문화의 산물인데 비해서, 바흐친이 카니발화한 문학(littérature carnavalisée)의 범주에 넣어 설명하는 소설은 이와 대립되는 민중문화의 영역에 속한다는 것이다. 민중문화의 전형적인 모습을 보여주는 카니발은 중세시대에 진정한 민중의 축제였다. 라블레 소설에 자주 등장하는 실컷 먹고 마

김, 작은이야기, 2005, 339-342쪽 참조).

시며 즐기는 주연의 분위기, 성(聖)과 속(俗), 고상한 것과 상스러운 것 같이 이질적 요소들이 서로 배척하지 않고 공존하는 커다란 웃음의 세계, 그로테스크한 이미지 체계 등이 전형적인 민중문화의 세계를 보여준다는 것이 바흐친의 해석이다. 바흐친은 라블레를 세계문학에서 셰익스피어나 세르반테스보다도 더욱 본질적으로 민중문화의 전통을 직접 계승한 대표적 작가로 높이 평가한다.[3)]

민중문화와 함께 라블레 소설에서 확인할 수 있는 또 다른 중세의 문화적 전통으로 구전문학의 전통을 꼽을 수 있다. 유럽 중세문학에서 작가의 위상은 오늘날과는 매우 다를 수밖에 없었다. 대부분 익명으로 남아 있는 중세의 작가들에게는 작품의 창작 못지않게 조상 대대로 전해 내려오는 이야기를 수집해서 편찬하는 작업도 중요한 임무였을 것이다. 지금 남아 있는 중세 작품들의 출처를 조사해보면 순수 창작의 비중은 그다지 높지 않았던 것으로 여겨진다. 작품의 생산뿐 아니라 수용의 방식에서도 구전문학의 전통은 그대로 유지되었다. 당시의 식자층은 거의 성직자 계급으로 한정되어 있었고 문맹률이 매우 높았기 때문에 독서 방식 역시 혼자 조용한 곳에서 책을 읽는 묵독 대신에 낭독자가 소리 내어 책을 읽어 주는 것을 여러 사람들이 모여 앉아 듣거나 아니면 마을마다 돌아다니며 악기 반주에 맞추어 기사와 귀부인들의 연애모험담이나 연애시가를 들려주던 음유시인의 낭송을 듣는 것이 일반적인 독서 관행이었을 것이다. 라블레가 『팡타그뤼엘』의 서문에서 인쇄된 책이 사라졌을 때를 대비해

3) Mikhaïl Bakhtine *L'Œuvre de François Rabelais et la culture populaire au Moyen Age et sous la Renaissance*, Gallimard, 1970, 10쪽 참조.

서 후손들에게 전할 수 있도록 책을 통째로 외워두라고 권하는 것을 보아도 알 수 있듯이, 상당히 긴 분량의 작품도 입에서 입으로 대대로 전승될 수 있었고 그것이 후대의 작가에 의하여 기록으로 옮겨져 책으로 인쇄된 덕택에 구전문학의 전통은 사라지지 않고 그 명맥을 유지할 수 있었던 것이다.

중세에는 오늘날처럼 작가와 독자의 관계가 분리되지 않고 직접적인 접촉을 가질 수 있는 기회가 더 많았을 것으로 짐작된다. 몇몇 이름이 알려진 전문적인 직업작가들은 왕족이나 귀족 계급의 문예애호가들의 후원을 받으며 그들의 기호에 맞는 작품을 생산했던 것으로 알려져 있는데,[4] 이들은 경우에 따라서는 후원자들 앞에서 직접 자신의 작품을 낭송하기도 했을 것이다. 마을을 돌아다니는 음유시인들의 입장에서도 성공적인 공연을 위해서는 청중의 관심을 지속적으로 유지시킬 수 있도록 그들의 반응을 살피며 호흡을 맞추는 데 신경을 쓰지 않을 수 없었을 것이다. 이 같은 직접적 접촉과 대화의 실제 상황은 작품 속에서도 그 흔적을 찾을 수 있는데, 중세문학에 자주 나타나는 이야기꾼과 청중이 직접 대면해서 대화를 나누며 이야기를 진행하는 듯한 구전적 서술상황의 설정이 바로 그것이다. 라블레 소설에서도 구전문학의 전통에 따라 장터의 약장수를 연상시키는 이야기꾼의 허풍과 거친 입담, 길게 이어지는 사설과 대화, 간간이 곁들여지는 인물들의 삽화적(插話的) 이야기 등이 한데 어우러져 흥겹고 활기가 넘치는 열린 대화의 장이 펼쳐지는 모습을 자주 볼 수 있다.

---

4) 대표적인 예로 영국 궁정에서 활동하던 마리 드 프랑스(Marie de France)라는 여류시인과 프랑스 궁정소설의 대가로 샹파뉴 백작부인의 후원을 받았던 크레티앵 드 트루아(Chrétien de Troye)의 경우를 들 수 있다.

1) 민중문화의 전통

라블레 소설이 민중문화의 전통과 밀접하게 관련된 것이라는 바흐친의 해석은 이제 라블레 학계에서 정설로 받아들여지고 있다. 바흐친은 이질적이고 잡다한 구성 요소들로 이루어진 라블레 소설을 총체적으로 해독하는 데 필요한 열쇠는 민중문화의 근원을 깊이 있게 연구해야지만 찾을 수 있다고 단언한 바 있다.[5] 그가 민중문화론에서 이론적 근거로 삼았던 것은 중세시대의 카니발의 전통이었다. 봉건제도와 가톨릭교회의 지배를 받던 당시의 철저한 계급사회에서 사순절 금식기간이 시작되기 전 카니발이 열리는 동안만큼은 중세 사람들이 직업이나 신분상의 차별, 사회적 금기, 종교적 계율, 고난한 삶의 고통과 죽음의 공포 등 그들을 짓누르는 구속과 압박에서 일시적으로나마 해방되어 자유로운 축제의 분위기 속에서 육체적 욕망과 삶의 기쁨을 마음껏 누릴 수 있었던 것이다. 어릿광대나 바보를 카니발의 왕으로 뽑고 통제된 사회에서 벗어난 해방감을 맛보며 자유로운 분위기 속에서 처벌의 두려움 없이 기존 질서와 권위에 대한 조롱과 풍자가 가능했던 것을 보더라도 민중의 축제로서의 카니발의 성격을 짐작할 수 있다. 바흐친은 거꾸로 된 세상의 모습, 친숙하고 자유로운 접촉에 의해 가능한 규범으로부터의 이탈, 이질적 요소들의 결합, 일체의 권위와 가치에 대한 조롱 등 네 가지를 카니발의 세계에 나타나는 특징적 양상으로 꼽았는데,[6] 이 같은 카니발의 세계가 라블레 소설에

---

5) Mikhaïl Bakhtine, 앞의 책, 10-11쪽 참조.

6) Mikhaïl Bakhtine, *La Poétique de Dostoïevski*, Le Seuil, 1970, 170-171쪽.

가장 전형적인 모습으로 재현되어 있다는 것이 그의 판단이다.

바흐친은 라블레의 작품세계에 나타나는 물질과 육체를 중심으로 한 이미지 체계와 현실의 재현에 적용되는 독창적 시각 역시 민중문화의 유산이라고 보고, 이를 그로테스크 리얼리즘이라고 규정한다.[7] 바흐친에 의하면, 그로테스크 리얼리즘은 우주 만물과 인간의 육체의 구성 원리를 동일하게 물질적인 것, 육체적인 것으로 파악하는데, 이러한 원리는 외부 대상이나 인간에 대한 인식과 재현 방식에 그대로 적용된다는 것이다. 하늘과 땅의 관계는 인간의 육체에서 얼굴, 머리 부분과 배, 생식기, 배설기관의 관계에 해당하며, 그로테스크 리얼리즘 특유의 낮추기(rabaissement)에 의하여 고상한 대상이라도 물질 또는 육체적인 삶과 관련된 이미지들로 재현된다. 외부세계와의 관계도 일차적으로는 물질과 육체를 통한 접촉에 의해서 이루어지는 것이므로, 자연계의 모든 현상을 민속의 세계에서 육체적 삶의 방식을 통하여 이해하는 것은 어쩌면 당연한 논리일 수도 있다. "민중문화와 관련된 그로테스크 리얼리즘은 세계를 인간에 접근시키고, 세계로 하여금 육체의 형태를 갖도록 하며, 육체를 매개로 그것을 육체적 삶과 연결시킨다."[8] 낯설게 보이고 어찌 보면 당혹스럽기까지 한 라블레 소설 특유의 현실 인식과 재현 방식을 제대로 파악하기 위해서는 중세로부터 면면히 이어져 내려온 민중문화의 전통적인 세계관과 가치체계에 대한 충분한 이해가 선행되어야 한다고 바흐친은 판단했던 것이다.

---

7) Mikhaïl Bakhtine, 앞의 책, 27-28쪽.

8) 위의 책, 30쪽.

실제로 바흐친의 민중문화론은 라블레 연구에 많은 영향을 미쳤다. 심지어 보주르(Beaujour) 같은 이는 앞으로의 라블레 연구는 해석이 애매한 부분과 알려지지 않은 출처를 밝히는 고증적 연구나 아니면 바흐친의 독법을 심화·발전시키는 연구가 되어야 할 것이라고 주장할 정도이다.[9] 종래의 라블레 연구에서 가장 곤혹스럽게 생각했던 문제는 전혀 어울릴 것 같지 않은 이질적이고 상반된 요소들로 가득 차 있는 그의 작품들을 체계적으로 설명하는 데 필요한 연결고리를 찾기 힘들다는 것이었다. 그리스·라틴 고전의 인용으로 박학다식을 과시해가며 사변적이고 고상한 지적 담론을 전개하다가도 곧이어 언제 그랬냐는 듯이 시정잡배 같은 상스러운 말투로 노골적이고 때로는 외설적이기도 한 이야기를 늘어놓는가 하면, 자신의 말을 믿지 않는 독자에게는 욕설을 퍼붓거나 심지어 저주도 서슴지 않는 알코프리바스(Alcofribas)라는 작중인물 겸 화자의 예측불허의 언행뿐 아니라, 편지, 연설, 횡설수설, 시, 노래, 예언, 단편적 이야기들 등의 잡다한 내용과 형식의 글들이 뒤섞여 있고 의사소통과는 별 상관없이 전개되는 실험적인 다양한 언어의 유희, 상식적으로는 이해가 되지 않는 이질적인 대상들의 엉뚱하고 그로테스크한 결합 등으로 인하여 도저히 갈피를 잡을 수 없는 잡동사니처럼 보이는 그의 작품세계는 일관된 논리적 설명이 불가능한 것으로 여겨졌던 것이다. 그의 작품들을 둘러싼 논란은 라블레가 활동하던 당시에 이미 시작되었던 것이다. 그와 같은 시대에 살았던 플레이아드 시파의 대표적 시인인 롱사르(Ronsard)는 그를 가리켜 진흙탕 속을 뒹구는 술주정뱅이라고 불렀고, 17세기 고전

9) Mikhaeil Beaujour, *Le Jeu de Rabelais*, L'Herne, 1968, 9쪽.

주의 작가 라 브뤼예르(La Bruyère)는 그와 같은 재능의 소유자가 무분별하게 고상한 것과 상스러운 것을 뒤섞어 놓은 것을 이해할 수 없다고 말하기도 했다.

바흐친은 라블레 소설에 자주 등장하는 대표적인 그로테스크 리얼리즘의 요소로서 인간의 육체에 대한 해부학적·생리적 목록, 의복, 음식, 술과 주정, 성적 결합, 죽음, 배설 등 일곱 개의 이미지 계열을 지적하는데,[10] 이러한 이미지들은 작품 속에서 전혀 예기치 못한 방식으로 자유롭게 결합하며 완전히 새로운 이미지 체계를 만들어낸다. 각 계열의 이미지들의 사용 빈도와 비중이 차이가 나기는 하지만, 고전적 문학 규범과 상충되는 물질적, 육체적 삶의 방식과 관련된 것이라는 공통점을 가지고 있기 때문에 바흐친은 이러한 이미지들을 그로테스크 리얼리즘의 특징적 구성 요소로 선정한 것이다. 아우에르바흐(Auerbach)는 이와 비슷한 그로테스크한 이미지들이 이미 중세말의 희극적 작품들에 나타나기는 하지만, 라블레의 독창성은 강화된, 집중적 결합 방식에 있다고 지적한다.[11] 중세말의 작품들이 고정된 사회적, 종교적, 윤리적 틀 속에 상스러운 농담이나 육체 중심의 시각, 외설 등을 담더라도 그것들을 단편적으로 삽입했던 것에 비해서, 라블레의 경우는 이러한 요소들을 의도적으로 다양화하고, 전혀 예기치 못한 방식으로 자유롭게 결합하여 완전히 새로운 이미지 체계를 만들어낸다는 것이다.

---

10) Mikhaïl Bakhtine, *Esthétique et théorie du roman*, 316쪽.

11) E. Auberbach, *Mimésis, La représentation de la réalité dans la littérature occidentale*, Gallimard, 1968, 279쪽.

"그때 짐나스트는 자신에게 유리한 상황을 보고 말에서 내려 칼을 뽑아들고서 계급이 가장 높은 자들부터 힘껏 후려쳐 그들을 무더기로 부상시키거나 치명상을 입혀 땅바닥에 쓰러뜨렸다. 그런데도 그들은 그가 행했던 신기한 곡예만큼이나 트리페가 불쌍한 악마라고 불렀던 말 때문에 그를 굶주린 악마라고 생각하고는 아무도 감히 대항하지 못했다.

단지 트리페만이 비열하게도 독일 용병의 장검으로 그의 두개골을 쪼개려 했지만, 그는 단단히 무장을 갖추고 있어서 상대의 일격에 가벼운 충격을 느낄 뿐이었다. 그는 갑자기 몸을 돌려 트리페를 칼로 힘껏 찔렀다. 그리고 그가 위쪽을 막는 사이에 단칼에 위와 결장, 그리고 간의 절반을 베어 버렸다. 그러자 트리페는 땅바닥에 쓰러졌는데, 넘어지면서 네 단지도 넘는 국물을 쏟았고, 그 영혼도 국물에 섞여 버렸다."[12)]

이 예문은 『가르강튀아』에 나오는 피크로콜 전쟁의 전투 장면을 묘사한 것인데, 우리는 여기에서 전형적인 그로테스크 리얼리즘의 이미지 결합방식을 볼 수 있다. 등장인물들의 동작 하나하나가 순서대로 생생하게 묘사된 이 전투장면에서는 죽음이 처참하거나 잔인하게 느껴지지 않는다. 그것은 신속한 동작과 인체의 해부학적·생리적 목록의 나열에서 생기는 역동적 움직임 속에 마치 경쾌한 유희와 같이 진행되는 살육의 장면이 개인적 종말이라는 죽음의 비극적 성격을 탈색시켜 버리기 때문이다. 위의 예문에는 항아리라는 뜻의 적장 트리페의 이름이 예외적으로 언급되어 있지만, 대부분의 경우 라블레 작품에서는 무명의 다수가 한꺼번에 죽음을 맞게 되며 죽음의 이미지도 인간의 육신이 기관별로 해부학적으로 해체되는 과정을 통해서 표현되는 육화(肉化)된 죽음의 모습이다. 그리

12) 프랑수아 라블레, 『가르강튀아/팡타그뤼엘』, 유석호 옮김, 문학과지성사, 2004, 174쪽.

고 이 살육의 장면이 트리페가 죽으며 쏟아 놓은 내장과 피가 국물에 비유되고 그의 영혼이 국물에 섞인다는 표현으로 마무리되는 것처럼 아무 상관도 없어 보이는 인체의 해부학적·생리적 목록, 죽음과 음식 같은 이질적 요소들이 라블레 특유의 그로테스크 리얼리즘의 세계에서는 서로 공존하며 자연스럽게 연결될 수 있는 것이다.

라블레의 그로테스크 리얼리즘이 민중문화의 전통에 근거한 것이라는 사실은 라블레 소설 속에 나타나는 카니발의 모습에서도 확인이 가능하다. 『제4서』에서 앙두이유들과 팡타그뤼엘 일행 사이에서 벌어지는 전쟁은 민중문화의 전통적 모습이 충실히 재현된 카니발 그 자체라 할 만한 것이다.

"날씨는 화창하고 청명했다. 그러나 이 괴물이 날아오자 왼편에서 천둥이 쳤는데, 그 소리가 어찌나 컸던지 우리 모두는 얼이 빠진 상태였다. 앙두이유들은 그 괴물을 보자마자 즉시 무기와 몽둥이를 버리고, 마치 경배 드리듯이 모두 땅에 무릎을 꿇고 말없이 두 손을 모아 하늘을 향해 높이 쳐드는 것이었다.

장 수도사는 부하들의 도움을 받아 앙두이유들을 계속 후려치며 꼬챙이에 꿰었다. 그렇지만 팡타그뤼엘의 명령에 따라 퇴각나팔이 울렸고 전투는 중지되었다. 그 괴물은 두 군대 사이를 여러 번 날아서 오간 다음 스물일곱 통 이상의 겨자를 땅에 쏟아 부었다. 그러고 나서 쉬지 않고 계속 "마르디그라, 마르디그라, 마르디그라" 하고 외치면서 공중을 날아 사라져버렸다."[13)]

---

13) 프랑수아 라블레, 『팡타그뤼엘 제4서』, 유석호 옮김, 한길사, 2006, 215-216쪽.

파루슈 섬에서 벌어진 순대와 소시지를 의인화한 앙두이유들과의 전쟁에서 장 수도사는 음식물을 상대로 한 전쟁이라는 점에 착안해서 요리사들을 동원하는데, 그들을 커다란 암퇘지 모양의 목상 속에 숨겨 두었다가 기습공격을 벌이는 작전으로 앙두이유들을 격퇴한다. 그리고 전투가 끝날 무렵 미네르바 여신의 날개 달린 거대한 돼지가 나타나 겨자를 뿌려 죽은 앙두이유들을 소생시키고 양측은 화해한 후 다 같이 흥겨운 잔치를 벌인다. 괴물 돼지가 날아다니며 외치는 '마르디 그라'(참회의 화요일)는 팡타그뤼엘 군대의 군호로 쓰이기도 했던 말인데, 이 용어가 원래 가톨릭국가에서 사순절이 시작되기 전 마음껏 먹고 마시는 카니발의 마지막 날을 가리킨다는 점에서도 이 에피소드의 카니발적 성격을 쉽게 짐작할 수 있다. 호메로스의 『일리아스』에 나오는 트로이아의 목마 사건을 희극적으로 모방한 이 에피소드에서는 순대와 소시지가 사람들과 전쟁을 벌이고 지혜의 여신 미네르바의 부엉이가 날개 달린 돼지로 바뀐 모습으로 등장하여 순대를 먹을 때 곁들이는 겨자를 죽은 앙두이유들에게 퍼부어서 그것들을 소생시키는 등 음식과 죽음, 재생의 테마가 그로테스크 리얼리즘과 관련된 일련의 이미지들을 통해서 재현된다. 그리고 전쟁이 끝난 다음에는 즐거운 축제가 벌어지고 웃음과 환희 속에서 갈등이 해소되고 화해가 이루어지는 사건의 결말 역시 전형적인 카니발의 모습을 보여주는 것이다.

모든 이질적인 요소들이 서로 배척하지 않고 공존하는 그로테스크 리얼리즘의 이미지 결합 방식은 라블레 소설에서 자주 볼 수 있듯이 전혀 상관없어 보이는 사물들 사이에 예상 밖의 새로운 연결 관계가 맺어지는 데서도 확인할 수 있다. 현대시에서 사용되는 '자유연상'과 비슷한 방식으로 의미상으로 전혀 관련성이 없는 사물들 사이에 상상을 초월하는 엉뚱하고 그로테스크한 결합이 이루어지는 것이다. 이야기의 진행에는 별 도움이 되지 않는 일종의 긴 묘사처럼 계속 이어지는 수직적 목록들, 예를 들어 『제4서』의 30장에서 32장에 걸쳐 앙두이유들과는 원수지간으로 사순절을 형상화한 카렘프르낭(Carêmeprenant)[14]의 모습을 해부학적 전문용어들을 사용해 열거한 141개의 신체 내·외부 기관의 목록, 그리고 그의 행동의 특징을 열거한 35개의 목록 같은 것이 그 전형적인 예이다.

"카렘프르낭은 (그제노만이 말했다), 내부기관으로 말하자면 (적어도 제가 있던 시절에는) 뇌가 크기와 색, 물질과 기력으로 보아서 진드기 수컷의 왼쪽 불알과 비슷합니다.

그의 뇌실은 나사못 같고,

벌레 모양의 돌기는 나무공놀이용 망치 같고,

뇌막은 수도사의 두건 같고,

세 번째 뇌실의 관은 석공의 운반상자 같고,

두개(頭蓋)는 여성용 모자 같고,

송과선은 백파이프의 가죽부대 같고,

동맥륜은 마면(馬面) 투구 같고,

유두 돌기는 군화 같고,

귀의 고실(鼓室)은 작은 풍차 같고,

14) 카렘프르낭은 원래 사순절이 시작되기 전 사육제를 즐기는 마지막 사흘 동안의 육식일(肉食日)을 가리키는데, 여기서는 반대로 사순절의 계율을 지키는 금욕의 상징적 인물이라는 뜻으로 쓰인다.

측두골은 거위 날개깃털 같고,"[15]

이 목록에서 열거되는 각각의 신체기관과 여기에 대응되는 비교 대상 사이에서 논리적 연결 관계를 찾으려는 것은 애당초 불가능한 일이다. 수직으로 계속 이어지는 목록은 시각적·청각적으로 문제의 인물의 비정상적인 기괴함을 더욱 부각시키는 희극적 효과에 초점이 맞추어져 있을 뿐이기 때문이다. 묘사가 길어지면 길어질수록 카렘프르낭은 점점 더 상상조차 할 수 없는 그로테스크한 괴물로 변해가는 것이다.

바흐친은 민속의 전통과 관련해서 라블레 소설의 그로테스크한 이미지들의 결합방식을 설명한다. 우리가 논리적으로 당연한 것으로 받아들이는 사물들 사이의 인습적 결합과 달리 카니발의 세계에서는 모든 갈등과 대립을 해소시키는 웃음을 통해서 과거 민속의 전통 속에서 가능했던 사물들 사이의 자연적 연결 관계가 복원될 수 있다는 것이다. 그로테스크한 이미지들의 결합방식이 과거 계급사회의 인위적 질서와 가치 체계에 의해서 고정되어 버렸던 언어와 사물의 인습적 결합 관계 이전의 "직접적 인접성"[16]에 근거한 것이라는 설명이다. 자연계의 모든 현상을 순환적 질서의 일환으로 파악하는 민속의 세계에서는 외부 세계와 인간의 삶은 분리되지 않고, 먹고 마시는 행위, 성적 결합과 수태, 출생과 죽음, 배설 등 육체적 기능과 관련된 일체의 삶의 방식 역시 동등한 것으로 가치를 인정받게 되는 것이다. 공식적 문화가 인간의 본능적 삶의 모습을 외면하고

15) 라블레, 『팡타그뤼엘 제4서』, 171쪽.

16) Mikhaïl Bakhtine, *Esthétique et théorie du roman*, 355쪽.

그 실체를 왜곡하는 데 비해서, 그로테스크 리얼리즘은 가치 기준에 따른 편견 없이 대상들 사이의 직접적 인접성을 드러내기 때문에 현실세계의 실체를 보다 정확히 반영한다는 것이 민중문화론의 입장이다. 이러한 관점에서 카니발에서 경험하는 거꾸로 된 세상의 모습이 사실은 본래의 민중의 삶의 모습이고, 카니발의 언어 역시 언어와 사물들 사이의 자연적 결합관계를 재현한 것으로 볼 수 있다는 것이다. 결국 라블레 소설의 그로테스크한 이미지들의 결합방식은 그것이 아무리 낯설고 파격적으로 보일지라도 민중문화의 전통에 충실한 것이며, 언어와 사물 사이의 관계를 본래의 순수하고 자연스러운 결합관계로 되돌리려는 시도를 보여준다는 것이 바흐친의 해석이다.

바흐친의 소설론에서 소설의 기원 특히 희극소설의 계보는 민중문화와 깊이 관련되어 있다. 그가 정의한 '카니발화한 문학'은 '희극적이고 진지한 장르(spoudogelion)'로서 소크라테스 식 철학적 대화와 메니포스 식 풍자문학의 단계를 차례로 거치고 나서 본격적인 소설로 발전한다는 것이다.[17] 바흐친이 생각하는 소설의 궁극적 완성 단계는 다양한 인물들의 시각과 목소리가 한데 어우러지는 다성(多聲)소설로서 도스토예프스키 소설을 그 전형적 예로 꼽는다. 라블레의 경우는 아직 여기에 도달하지는 못했다는 판단에서 두 번째 단계인 메니포스 식 풍자의 범주에 포함시키고, 라블레 소설을 설명하는 데 민중문화의 이론 특히 카니발과의 직접적 연관성을 강조했던 것으로 보인다. 바흐친에 의하면 메니포스 식 풍자에

17) 바흐친의 카니발화한 문학에 관해서는 졸고, "라블레 소설의 모델들(II) : 대화록", 『프랑스고전문학연구』 제17집, 2014, 63-66쪽을 참고할 것.

서는 소크라테스 식 대화에 비해서 희극적 요소가 증가하고 역사적 상황의 제약에서 벗어나 대담한 상상력과 창의성을 자유롭게 발휘할 수 있는 실험적 성격이 강화된다. 또한 현실과 비현실의 경계가 사라지고 일상의 규범과 격식으로부터의 이탈, 문체와 언어의 파격적 용법이 가능해진다. 형식적 제약으로부터 자유롭게 다양한 장르들의 삽입이 허용되고 현실과의 친숙한 접촉, 당대의 시사적 문제에 대한 비판과 풍자가 가능해지는 것도 메니포스 식 풍자의 특징적 양상이다.

그리스·로마 고전문학 시대의 작품들을 대상으로 설정해놓은 범주 속에 후대의 라블레 작품까지 포함시키는 것이 다소 무리가 있어 보이기는 하지만, 어쨌든 바흐친이 지적한 메니포스 식 풍자문학의 특징적 양상들은 실제로 라블레 소설에 그대로 적용될 수 있다. 우선 전설적 거인왕의 연대기라는 기본 틀이 시·공간의 한계를 뛰어넘는 무한한 상상의 세계에서의 모험을 가능하게 해주고, 온갖 종류의 말과 글이 동원되어 펼쳐지는 다양하고 파격적인 문체와 언어의 실험, 당시 사회에 대한 풍자와 해학이 한데 어우러진 라블레의 작품세계는 그 이전의 어느 메니포스 식 풍자문학의 작품도 따라가지 못할 폭과 깊이, 그리고 독창적인 실험 정신을 보여주기 때문이다. 과거로부터 전해져 내려오는 거인왕의 영웅적 행적을 기록한 것이라는 상황 설정에도 불구하고 당시의 시대상이 그대로 반영되어 있으므로 우리는 주인공들의 환상적 모험담을 통하여 현실에 대한 작가의 인식과 비판 정신을 읽어낼 수 있다. 특히 가톨릭교회의 인위적 제도의 경직성, 미신적 신앙, 성직자들의 위선과 탐욕, 사법제도의 비능률과 모순 같은 기존권력과 가치 질서에 대한 그의 비판적 입장은 작품 곳곳에 분명히 드러나지만, 그렇다고 직설적인 공격성을 띠지는 않는다. 민중문화의 전통에 충실하게 라블레의 풍자와 해학은 표적으로 삼은 대상마저도 모든 것을 포용하는 밝고 건강한 웃음을 통해서 무해하고 우스꽝스러운 희극적 존재로 바꾸어버리기 때문이다. 『가르강튀아』에 나오는 예들만 보더라도, 빼앗긴 노트르담 사원의 종을 되찾으려 왔던 늙은 신학자 자노튀스 드 브라그마르도(Janotus de Bragmardo)의 엉터리 라틴어를 곁들인 포복절도할 장광설, 가르강튀아가 답례로 준 선물을 두고 벌어지는 신학자들 사이의 분쟁, 장 수도사의 입을 통해 폭로되는 수도사들의 무지와 방종, 식탐, 화자인 알코프리바스가 작중인물로 등장해 파뉘르주와 나누는 대화를 통해 조롱거리가 되고 마는 면죄부 판매, 가르강튀아에게 상추 샐러드와 함께 먹혔던 순례자들의 일화를 통해 고발한 미신적인 성자숭배와 순례제도의 폐해, 철저한 반(反) 수도원으로 세워진 텔렘 수도원의 에피소드들은 하나 같이 가톨릭교회의 제도적 모순과 비리에 대한 라블레의 비판 의식을 확인시켜주는 것이지만 웃음에 의해 심각한 결과나 부정적 영향에 대한 두려움이나 피해 의식은 해소되어 버리고 모두가 즐거운 카니발의 세계에 동참하게 되는 것이다.

2) 구전문학의 전통

라블레가 작품 활동을 하던 16세기 전반기는 인쇄술의 발달로 인하여 처음으로 책이 대량 생산·보급되기 시작한 시기였다. 책을 사서 읽는 독자층이 형성되면서 독서의 관행도 근본적인 변화를 겪게 된다. 지금까지 이름이 전해지는 중세의 몇몇 전문적인 직업작가들의 경우를 보면, 왕실이나 대귀족 같은 권력층 문예애호가들의 보호 아래 그들의 기호에 맞추어 작품을 썼을 것으로 짐작된다. 궁정소설(roman courtois)의 대표적 작가인 크레티앵 드 트루아가 『수레의 기사 랑슬로』(*Lancelot, le Chevalier à la charrette*)의 서문에서 자신이 모시던 샹파뉴 백작부인의 지시에 따라 작품을 썼다고 그 경위를 밝힌 것을 보면 알 수 있듯이, 주문생산과 같이 창작 과정에 작가와 독자 사이에 특수한 개인적 친분관계가 직접 영향을 미치는 것이 중세라는 특수한 시대 상황에서는 가능한 일이었다.

이미 그 문학적 기호와 가치관을 알고 있는 소수의 독자층을 대상을 작품을 쓸 때와 달리 미지의 불특정 다수를 대상으로 작품을 쓰는 경우 작가와 독자 사이의 관계는 완전히 달라질 수밖에 없다. 그레이(Gray)는 라블레가 그의 작품에서 어떻게 쓸 것인가에 대해서, 그리고 독자의 존재에 대해서 끊임없이 문제를 제기하고 새로운 관계 정립을 모색하는 것은 적어도 부분적으로는 그들이 가진 생각이나 기호를 미리 알 수 없는 불특정 다수의 독자들을 상대로 작품을 써야 했던 첫 세대 작가의 새로운 상황 때문이라고 설명한다.

바로 이러한 불확실한 독자의 성격으로 인하여 서문과 도입부가 필요하게 되었고, 이를 위해서 알코프리바스는 자신의 스타일을 찾아야만 했다. 중세의 작가들은 이미 그 기준을 알고 있는 어느 정도는 친숙하고 직접적인 독자들을 위해서 작품을 썼다. 그러므로 작가는 글쓰기의 과정을 통해서 만들어나가며 관심을 끌어야 하는, 인쇄술이 가져다준 미지의 광범위한 대중, 16세기에 생겨난 이질적 집단인 책을 사서 읽는 독자들(liseurs)에 대한 두려움에 직면하지는 않았던 것이다. 인쇄된 책은 원고로 된 텍스트가 대상으로 하던 동질적이고 한정된 집단을 영원히 파괴해버렸다. 라블레는 책을 사는 첫 세대의 독자들, 다시 말해서 불특정 다수의 대중을 상대로 작품을 썼던 것이다. 이것이 부분적으로는 글쓰기와 독자에 대한 그의 끊임없는 물음을 설명해줄 수 있을 것이다.[18]

원래 중세문학에서 구전적 서술상황의 설정은 단순한 문학적 수사가 아니라 작가 또는 낭독자가 청중을 상대로 이야기를 들려주던 당시의 독서 관행을 텍스트 속에 재현해 놓은 것이다. 당시의 텍스트가 "문자 그대로 무대 위에서 수행해야 하는 역할"[19]을 가지고 있었다는 지적처럼, 이야기꾼이 청중과 호흡을 같이하며 이야기를 진행해나가는 데 필요한 구전적 서술 상황을 텍스트 차원에서 미리 마련해두었던 것이다. 물론 이러한 방식의 작가 또는 낭독자와 청중들 사이의 직접적인 소통은 책을 사서 읽는 독자층의 출현과 함께 영원히 사라져 버렸지만, 르네상스 시대의 작가들은 새로운 시대 상황에 적응하는 과정에서 독자들과 접촉하기 위한 서술 전략을 구전문학의 전통에서 찾으려 했던 것이다.

실제로 라블레의 팡타그뤼엘 연작, 특히 각권의 서문들은 거의 대부분 독자와의 대화로 이루어져 있다. 이 서문들에는 익살과 허풍을 곁들인 장터의 장사꾼 같은 걸쭉한 말솜씨를 발휘하면서 독자와의 소통 관계가 원

18) Floyd Gray, *Rabelais et l'écriture*, Nizet, 1974, 16-17쪽.

19) Paul Zumthor, *Essai de poétique médiévale,* Le Seuil, 1972, 37쪽.

활히 이루어질 수 있도록 유희적 공감대를 조성하기 위하여 의식적인 노력을 기울이는 화자의 모습이 잘 나타나 있다. 각권의 서문에서는 처음부터 이야기 상대를 지명해서 원하는 방향으로 대화를 이끌어가려는 화자의 서술 전략이 일정한 패턴에 따라 진행된다. “매우 고명하고 용감한 기사들, 귀인들, 그리고 다른 분들”(『팡타그뤼엘』), “고명한 술꾼, 그리고 고귀한 매독환자 여러분”(『가르강튀아』), “선량한 사람들, 매우 고명한 술꾼들, 그리고 당신들, 매우 고귀한 통풍환자 여러분”(『제3서』) 같이 시작되는 각권의 서문들이 대상으로 삼는 독자들은 물론 실제 독자들이 아니다. 고명한 술꾼, 고귀한 매독환자와 통풍환자처럼 서로 어울리지 않는 명사와 수식어의 조합을 통해서 라블레가 지칭하는 독자는 현실 세계에서는 찾아보기 힘든 가상의 독자들이라고 할 수 있다. 신분이 높고 이름이 알려진 고귀한 인물들과 무절제하게 육체적 욕망에 탐닉한 매독환자와 통풍환자들[20)]을 같은 부류로 취급할 수는 없는 것은 당연한 일이다. 그렇기는 하지만 라블레가 자신의 작품을 읽어주기를 바라는 독자들 중에 일부러 매독환자와 통풍환자를 대표적 유형으로 지정해 포함시킨 것은 그들이 인생을 즐길 줄 아는 쾌활하고 낙천적인 성격의 소유자라는 판단 때문이었을 것으로 여겨진다. 금욕적인 중세시대와는 달리 현세적 삶에서의 행복의 추구를 긍정적으로 평가했던 르네상스 시대의 인문주의자로서 라블레는 육체의 본능에 충실한 삶을 살았다는 것이 큰 잘못이라고 생각하지는 않았을 것이다. 『가르강튀아』에서 밝혔듯이, 그가 이상적 삶의 방식으로 내세운 ‘팡타그뤼엘리슴’(pantagruélisme)을 실

20) 폭음과 폭식이 통풍의 주요 원인이라고 한다.

천하는 것은 "마음껏 먹고 마시며 팡타그뤼엘의 무시무시한 행적을 읽는 것"[21]에 다름 아니기 때문이다.

『제4서』의 서문에는 마치 화자와 독자가 같은 자리에서 얼굴을 마주보며 이야기를 주고받는 듯한 연극적 상황이 더 분명히 나타나 있다.

"선량한 사람들이여, 하느님께서 그대들을 구원하시고 지켜주시기를! 어디들 있소? 여러분을 볼 수가 없구려. 내가 안경을 쓸 때까지 기다려 주시오. 하, 하, 사순절이 순조롭게 잘 지나갔소이다! 이제 여러분을 볼 수 있소. 자, 어떠시오? 사람들 말로는 포도 수확이 좋았다고 합디다. 나는 그 일에 아무런 불만도 없소. 여러분이 온갖 갈증에 대해서 확실한 대비책을 찾은 셈이니까. 일을 훌륭하게 처리한 것이오. 여러분과 부인, 자식, 부모, 가족들 모두 바라는 건강을 유지하고 있소? 잘된 일이고, 좋은 일이며 나도 기쁘다오. 이로 인하여 하느님, 선하신 하느님께서 영원히 찬양을 받으시기를. 그리고 (그분의 신성한 뜻이 그러하다면) 여러분이 오랫동안 이런 상태를 유지할 수 있기를 바라겠소."[22]

텍스트 상에서 상대역인 독자의 발언은 생략된 채로 일방적으로 진행되는 대화 형식이지만, 화자가 가상의 독자와 대화 관계를 유지하고 있다는 전제 하에 이야기를 풀어나가는 것이 라블레 소설의 전형적인 서술방식이다. 실제로 팡타그뤼엘 연작에서는 화자와 독자, 또는 작중인물들 사이의 대화 상황에서 진행되지 않는 순수한 이야기(récit) 차원에서

21) 라블레, 『가르강튀아/팡타그뤼엘』, 23쪽.

22) 라블레, 『팡타그뤼엘 제4서』, 23쪽.

의 서술[23]은 찾아보기 힘들다. 라블레가 『제3서』의 서문에서 말한 것처럼, "이야기를 한다는 것은 독자와 술과 말을 함께 나누기 위한 것"(une histoire narrer pour entrer en vin (beuvez doncques) et proupos (escoutez doncques)"[24]이기 때문이다.

『팡타그뤼엘』의 서문에서부터 시작된 화자와 독자의 대화는 거인왕의 연대기를 표방하는 본문의 이야기에서도 그대로 이어진다. 작중화자인 알코프리바스는 역사적 기록에 근거한 실제의 연대기와는 달리 비현실적 허구로 가득 찬 팡타그뤼엘의 연대기를 어떻게 쓸 것인가 하는 문제에 대해서 독자에게 자신의 입장을 밝히는 것으로 이야기를 시작하기 때문이다.

"지금 우리가 한가로우니, 여러분에게 선한 팡타그뤼엘이 이 세상에 태어난 기원과 출신을 상기시키는 것이 쓸데없거나 무위한 일은 아닐 것이다. 이는 아랍인이나 바르바리아인, 라틴인들뿐 아니라 영원한 술꾼인 그리스인들과 이교도들의 모든 훌륭한 사관(史官)들이 이렇게 그들의 연대기를 다루었던 것을 내가 알기 때문이다."[25]

그리스·로마 신화, 성경, 중세 기사도 소설, 민간 전설 등에 나오는 인물들의 이름과 작가가 지어낸 가상의 인물들의 이름을 모아 만들어 놓

---

23) 벤브니스트(Benveniste)의 용어로 말하는 사람의 주관성이나 발화 상황의 지시가 배제된 역사 서술 같은 객관적 진술을 가리킨다.

24) Rabelais, *Œuvres complètes*, édition de Mireille Huchon, Bibliothèque de la Pléiade, Gallimard, 1994, 346쪽.

25) 라블레, 『가르강튀아/팡타그뤼엘』, 273쪽.

은 문제의 거인족의 계보는 『신약』 마태복음에 나오는 아브라함으로부터 예수 그리스도에 이르는 계보를 희극적으로 모방한 것이다. 화자는 팡타그뤼엘의 선조들의 이름을 익살스러운 설명을 간단히 곁들이며 열거한 다음 믿기 어려운 엉터리 계보에 대한 독자의 불신을 예상하고 미리 앞질러 이에 관한 해명을 구실 삼아 독자와의 대화 상황으로 복귀하기도 한다. 노아의 대홍수 때 통치했다는 위르탈리라는 거인에 관한 보충 설명 역시 이 같은 경우에 해당한다.

"이 대목을 읽으면서 여러분 스스로 매우 합당한 의문을 가지리라는 것을 잘 안다. 그리고 대홍수 때 노아와 함께 방주 속에 있던 일곱 사람을 제외하고는 모든 사람들이 죽고 말았고, 그 인원 속에 앞서 말한 위르탈리가 들어 있지 않은데, 어떻게 그런 일이 가능했는지 물을 것이다."[26)]

화자의 설명에 따르면, 이 거인은 너무 커서 노아의 방주 속에 들어갈 수 없었기 때문에 그 위에 말 타듯이 걸터앉을 수밖에 없었고, 노 대신에 발로 물을 차서 방주를 원하는 곳으로 움직이게 해주었으며, 그 대가로 방주의 사람들이 먹을 것을 제공했다는 것이다. 물론 가공의 희극적 계보에 어울리는 우스꽝스러운 설명이지만, 우리는 팡타그뤼엘 연작의 첫 에피소드부터 라블레 소설에 자주 나타나는 서술방식의 한 패턴을 확인할 수 있다. 그것은 하나의 이야기가 우선 화자와 독자의 대화를 통해서 동기 부여(motivation)가 이루어지고, 중간 중간에도 필요한 경우에는 언

26) 위의 책, 281쪽.

제든지 독자와의 직접 대화로 이어지며, 이야기가 끝날 때 역시 다시 독자와의 대화 상황으로 복귀해서 마무리를 지음으로써 전체적으로 구전적 서술 상황이 비교적 정확히 재현된다는 점이다.

키테이(Kittay)가 '이야기 들려주기'(Telling)에서 '대화 나누기'(Talking)'로 전환되는 것이 라블레 소설의 특징[27]이라고 지적한 것은 그의 서술 방식의 핵심을 잘 파악한 것으로 볼 수 있다. 이야기 들려주기가 사실에 관한 정보를 독자에게 전달하는 것에 목적을 두는 반면, 대화 나누기는 말하는 행위 그 자체에 중점이 주어진다는 점에서, 일방적인 진술 대신에 독자와 대화 관계를 유지하며 이야기를 풀어나가는 라블레 소설의 서술방식은 후자에 해당한다. 화용론의 관점에서 보면, '이야기 들려주기'에서는 '단언적 발언(constative utterances)'이 주로 사용되는 반면, '대화 나누기'에서는 '수행적 발언(performative utterances)'이 주류를 이룬다는 것, 그리고 말을 하는 것 자체가 곧 어떤 행위를 실행하는 것이 되는 수행적 발언과 관련된 표현들, 예를 들어 독자에 대한 건배 제의, 축원 또는 맹세 등이 자주 사용된다는 것이 후자의 서술방식의 특징이다.[28] 대화 나누기는 특히 화자가 독자와의 친분관계를 강조하는 상황에서 주로 사용되는데, 이 경우에 화자는 독자와의 유희적 공감대를 확보하기 위하여 어릿광대 같은 우스꽝스럽고 과장된 말과 행동으로 희극적 상황을 연출하는 데 주력하게 된다.

---

27) Jeffrey S. Kittay, "From Telling to Talking : a Study of Style and Sequence in Rabelais", *Etudes rabelaisiennes*, XIV(1977), 121쪽.

28) 위의 글, 123쪽.

사실주의 계열의 소설들에 비해서 희극소설 계열에서는 화자의 역할이 훨씬 중요해지는 것이 일반적 경향이다. 작품의 희극적 효과가 사건이나 인물들 자체의 희극적 성격에서 발생하는 것 외에도 때로는 그 이상으로 화자와 독자가 일종의 놀이를 하는 것처럼 같이 즐기며 재미있는 이야기를 함께 만들어간다는 공모관계에서 얻어질 수 있는 것이기 때문이다. 누가 보더라도 황당하기 짝이 없는 사건을 진실이라고 억지 주장을 펴는가 하면 때로는 이와는 정반대로 자신의 이야기에 대한 독자의 믿음을 스스로 무산시키는 등 모순된 말과 행동을 서슴지 않는 알코프리바스는 희극소설 계열의 작품들에 자주 등장하는 '자의식적 화자'(self-conscious narrator)[29]의 전형적 예라 할 수 있다.

이야기의 진실성에 대한 독자의 믿음보다 독자와의 공모관계가 원활히 지속될 수 있도록 유희적 공감대를 확보하는 것이 희극소설에서는 더 중요한 전제조건이 된다. 문제의 화자 알코프리바스는 자신의 입으로 이야기의 진실성에 대한 의문을 제기하지 않을 때도 제삼자의 관점을 동원하여 간접적으로 아이러니를 통해서 자신의 부정적 입장을 암시하는 방법을 사용하기도 한다.

"고대의 팡타그뤼엘 사상가들은 내가 말한 것을 입증했고 남편이 죽은 지 열한 달 뒤

---

29) 웨인 부스는 희극소설들에 나타나는 공통적 특징으로 '자의식적 화자'의 존재를 들었는데, 자의식적 화자는 "작가로서의 자기 자신에 대해서, 그리고 단지 도덕적 관련이 있는 일련의 사건으로서가 아니라 문학적 창작물로 자신의 책에 대해서 논평하기 위해 자신의 소설 속에 개입하는 자"라고 정의된다. (Wayne C. Booth, "The Self-Conscious Narrator in Comic Fiction before *Tristram Shandy*", *PMLA*, 제67권(1952), 165쪽.

에 아이가 태어나는 것은 가능할 뿐 아니라 합법적이라고 선언했다. (...)

그리고 수많은 다른 미친 자들이 있는데, 그 수는 법률학자들로 인해 더 늘어났다."[30]

이 예문에서 화자는 어머니가 임신한 지 열한 달 만에 태어났다는 가르강튀아의 탄생에 관한 자신의 이야기의 진실성을 고대의 팡타그뤼엘 사상가들의 권위를 빌어 강조하는 것처럼 보이지만, 이들의 주장이라는 것도 사실인즉 허황된 공론에 지나지 않는다는 것을 아이러니를 통해서 암시하고 있는 것이다. 뒤크로(Ducrot)의 다성(polyphonie) 이론에 의하면, 이 상황에서 아이러니는 실제 언술의 발화 주체인 화자(locuteur)와 발화를 통해서 실현되는 단언, 약속 등의 구체적 언어행위의 책임자, 다시 말해서 관점의 제공자인 발화 행위자(énonciateur)의 분리에 의하여 발생하게 된다.[31] 다성 이론에서는 화자가 하나의 언술 속에 자신의 고유한 관점(목소리) 외에 다른 사람의 관점(목소리)을 담을 수 있고, 이때 다른 사람의 관점(목소리)은 화자의 그것과 일치할 수도 있고 그렇지 않을 수도 있다고 본다. 화자가 고대의 팡타그뤼엘 사상가들의 주장에 동조하지 않는다는 사실은 위의 예문 끝부분에 나오는 "그리고 수많은 다른 미친 자들이 있는데"라는 표현에 의해서 명백해진다. 화자가 보기에 그들 역시 미친 자들이라는 뜻이기 때문이다. 결국 앞서의 화자의 이야기는 다른 사람들의 주장을 전한 것일 뿐 자신의 생각과는 다르다는 것을 아이러니를 통해서 분명히 밝힌 것이다. 이처럼 화자는 단순히 이야기를 들려

30) 라블레, 『가르강튀아/팡타그뤼엘』, 32-33쪽.

31) Oswald Ducrot, *Le Dire et le dit*, Editions de Minuit, 1984, 204쪽

주는 식의 서술방식과 달리 독자와의 대화 가운데 아이러니에 의한 '거리두기(distanciation)'를 시도함으로써 가르강튀아의 탄생과 관련된 황당한 이야기의 허구성을 부각시키고 희극적 효과를 높이는 이중의 목표를 달성하는 데 성공한 셈이다.

알코프리바스가 자신의 이야기의 비현실성을 제삼자의 관점을 이용해 간접적으로 부정하는 방법만을 사용하는 것은 물론 아니다. 신화와 종교의 세계는 무조건적인 믿음을 필요로 한다는 점을 강조하며 글로 씌어진 책과 신화의 진실성을 역설하는 화자의 억지스러운 주장은 역설적으로 독자로 하여금 그 허구성을 의식하게 만드는 결과를 가져오게 된다.

"나는 여러분이 이 기이한 출생을 분명 믿지 않으리라 생각한다. 만일 믿지 않는다 해도, 나는 개의치 않겠다. 그러나 선량한 사람, 양식 있는 사람은 누가 말해주거나 글로 씌어진 것을 보면 언제나 믿는 법이다. *솔로몬이 잠언 14장에서 "어리석은 자는 온갖 말을 믿으나"라고 하고, 고린도 전서 13장에서 성 바울은 "사랑은 모든 것을 믿으며"라고 말하지 않았던가? 무엇 때문에 믿지 못하는가? 여러분은 명백하지 않기 때문이라고 말할 것이다. 나는 여러분에게 바로 그런 이유로 완전한 믿음을 가지고 이것을 믿어야 한다고 말하겠다. 왜냐하면 소르본 신학자들은 믿음이란 명백하지 않은 것을 위한 논거라고 말하기 때문이다.*

이것이 우리의 법이나 신앙, 이성, 그리고 성경에 위배되는 것인가? 나로서는 성경에서 이것에 위배되는 글을 아무것도 찾지 못했다. 그렇지만 만일 하느님의 뜻이 그러하다면, 여러분은 그분께서 그렇게 하시지 못하리라고 말하겠는가? 제발, 이런 헛된 생각으로 정신을 혼란시키지 말라. 여러분에게 말하건대 하느님께는 아무것도 불가능한 것이 없기 때문이다. 만일 그분이 원하신다면, 여자들이 앞으로는 이렇게 귀를 통하여 아이를 갖게 될 것이라고 나는 여러분에게 장담하는 바이다.

바쿠스는 유피테르의 넓적다리에 잉태되지 않았던가? (...)

카스토르와 폴룩스는 레다가 품고 낳았던 알 껍질에서 태어나지 않았던가?

그런데 자연에 반한 기이한 출생에 관한 플리니우스의 책 한 장(章) 전체를 여기 소개하면 여러분은 더욱 놀라고 경악을 금치 못할 것이다. 그래도 나는 그처럼 뻔뻔한 거짓말쟁이는 아니다. 그의 『박물지』 7권 3장을 읽어보고 더 이상 나를 골치 아프게 만들지 말라."[32]

화자는 매우 교묘한 논리에 의하여 진실과 허구의 관계를 설명한다. 우선 기독교 신앙과 관련해서 성경의 문맥과 동떨어진 자의적인 인용과 소르본 신학자들의 주장에 근거하여 명백한 증거가 없는 것이더라도 신앙의 차원에서는 무조건 믿어야 한다는 점을 역설하고, 이것이 조물주의 권능에 대한 절대적 신뢰와 직결되는 것이라고 주장한다. 그리고 신화나 전설도 마찬가지 논리로 사실의 기록으로 간주하여 자신의 주장을 뒷받침하는 명백한 증거로 제시한다. 이러한 논리에 따르자면 비현실적인 사건이라도 성경에 배치되지 않으면 문제될 것이 없고, 신화나 전설 역시 사실의 영역과 다르지 않은 것으로 간주한다면 부정할 수 없게 되어 버린다. 그러나 이와 같은 논리는 책에 씌어진 것은 무조건 믿어야 한다던 화자가 『박물지』를 쓴 플리니우스를 거짓말쟁이로 매도해버림으로써 상황의 반전이 이루어지고, 이에 따라 앞에서 논리적 타당성을 입증하기 위하

32) 라블레, 『가르강튀아/팡타그뤼엘』, 47-48쪽 (이탤릭체로 된 부분은 1542년도판부터 삭제된 이본(異本)에 나오는 내용이다).

여 내세웠던 기독교 신앙과 신화의 세계 역시 그 근거를 상실하게 된다. 이상의 논리 전개에서 드러나는 화자의 이중적 태도는 독자로 하여금 앞서의 그의 주장이 자신의 생각을 그대로 반영한 것이 아니라 마지막 반전을 이끌어내는 데 필요한 아이러니를 준비하기 위한 것임을 깨닫게 만든다. 결국 화자가 허구의 진실성을 강조하면 강조할수록 아이러니에 의해서 그 논리는 공허해지고 희화되어 버린다. 한 사람의 이야기꾼이 자신만의 관점과 목소리로 일방적으로 이야기를 이끌어가는 대신 복수적 관점과 목소리들이 반영되는 바흐친적 개념의 대화적 관계는 이처럼 라블레 소설에서 구전적 서술 상황 속에서 진행되는 화자와 가상의 독자 사이의 유쾌하고 익살과 재치가 넘치는 대화에서도 이미 실현되고 있는 것이다.

라블레 소설에서 화자와 독자 사이의 대화는 『가르강튀아』 이후 12년의 침묵 끝에 1546년 출간된 『제3서』에서부터는 급격히 줄어들고, 그 공백은 작중인물들의 대화로 채워지게 된다. 『제3서』에서도 서문에서는 여전히 독자와의 대화가 유지되고 있으나, 본문에서는 알코프리바스라는 작중인물 겸 화자의 존재가 희미해지고, 화자가 개입하는 경우에도 앞서의 작품들과는 달리 객관적인 상황 설명에 그치는 경우가 많다. 이처럼 화자의 위상이 크게 달라지는 것은 『제3서』부터 라블레 소설의 서술방식에 근본적인 변화가 나타나기 때문이다. 전설적인 거인왕의 연대기인 앞의 두 권에 비해서 『제3서』는 팡타그뤼엘의 심복인 파뉘르주가 결혼을 해야 할 것인가 말아야 할 것인가 하는 문제를 두고 해결책을 찾기 위한 일련의 문답으로 이루어져 있어 거의 연극대사와 비슷하게 서술부분이 축소되어 있고, 신성한 술병의 신탁을 들으러 가는 여행기인 『제4서』에서도 화자의 서술보다는 작중인물들의 대화가 이야기의 진행을 주도하는 경향이 나타나는 것을 볼 수 있다. 이에 따라 독자를 상대로 대화를 나누며 이야기를 풀어나가던 화자와 가상적 독자 사이의 구전적 서술 상황은 『제3서』부터는 작중인물들에 의해서 소설 공간 내부에 자리 잡게 된다.

『제3서』에 나오는 파뉘르주의 결혼 문제와 관련된 일련의 문답의 구성 방식을 보면 라블레 소설에서 작중인물들의 대화가 어떻게 확산되어 나가는지를 이해할 수 있다. 작중인물들의 대화는 결혼에 대한 상담만으로 끝나지 않고 대화 도중에 언급된 다른 화제로 옮아가는 식으로 계속 이야기가 이어진다. 하나의 에피소드는 우선 문제의 상담을 하게 된 동기와 참여한 인물들, 진행 상황 등을 알 수 있게 이와 관련된 대화가 먼저 나오고 상담이 끝난 다음에는 매번 되풀이되는 부정적인 결론에 대한 참석자들의 의견, 이에 대한 파뉘르주의 반박, 그 상담에서 파생되는 또 다른 대화로의 이행의 순서로 이야기가 전개되는 것이다.

꿈의 해석에 관한 에피소드를 예로 들어보자면, 13장에서 팡타그뤼엘이 그리스 고전에 나오는 해몽의 예들을 설명하며 파뉘르주에게 꿈을 꾸고 해석해볼 것을 권하는 것으로 동기 부여가 이루어지고, 14장에서는 팡타그뤼엘 일행이 참석한 가운데 파뉘르주가 자신이 꾼 꿈에 대해서 이야기한 다음 이에 대한 본인과 팡타그뤼엘의 상반된 해석이 차례로 제시된다. 그리고 이어서 15장 '파뉘르주의 변명과 절인 쇠고기와 관련된 수도원의 신비주의적 전통에 관한 설명'에서는 전날 꿈을 잘 꾸기 위해서 저녁식사를 제대로 하지 못하고 잠자리에 들었던 파뉘르주가 배고픔을 호소하면서 팡타그뤼엘 일행의 대화는 꿈의 해석과는 상관없이 절인 쇠고기를 푹 삶아 익힌 수도원의 수프에 관한 이야기로 넘어가고 장 수도사와 에피스테몽이 이 대화에 끼어들게 된다. 이런 식으로 라블레 소설에서는 정해진 주제를 넘어서서 그것과 직접 관련이 없는 훨씬 풍부한 이야기 거리로 대화가 확산되는 경향이 나타나는 것이다.

『제3서』가 인물들의 대화 중심으로 이루어진 것과 서술 상황이 다르기는 하지만, 환상의 섬들을 돌아다니는 여행기인 『제4서』 역시 인물들의 대화 없이 화자의 서술 위주로 사건이 진행되는 장들은 손꼽을 정도에 지나지 않는다.[33] 보카치오의 『데카메론』 이후 15~16세기에 프랑스에서 유행했던 단편집들에서도 작중인물들이 임시로 화자 역할을 맡아 돌아가며 한 편씩 이야기를 들려주는 경우가 많기는 하지만, 이 작품들과 라블레 소설의 차이는 테두리 이야기에서 인위적으로 이야기 그룹을 설정하는 대신 사건이 진행되는 가운데 인물들의 대화 속에 그들이 들려주는 별개의 일화들이 자연스럽게 삽입되는 식으로 이야기가 구성된다는 점이다. 『제4서』에서는 팡타그뤼엘 일행이 방문하는 여러 환상의 섬들에서 목격하게 되는 이국적인 풍물이나 주민들의 기이한 생활방식이나 관습, 제도가 이들의 관심을 끌게 되면 일행 중의 한 사람이 나서서 과

---

33) 『제4서』의 17, 34, 38, 41, 58, 61-62장 정도가 여기에 해당한다. 이 장들은 팡타그뤼엘이 괴물 고래를 격퇴하는 장면, 거인 브랭그나리유의 죽음, 앙두이유들과의 전쟁 같이 스토리 텔링 위주로 진행될 수밖에 없는 모험담, 또는 가스테르 나리 예찬론처럼 화자의 설명이나 묘사로 이루어진 에피소드들이다. (Véronique Zaercher, "Les dialogues héroïques du *Quart Livre*", *Bulletin de l'Association d'étude sur l'humanisme, la réforme et la Renaissance*, 제54집(2002), 80쪽.

거에 자신이 목격했거나 경험했던 일, 또는 책에서 읽었던 역사적 사실이나 누구에게 들었던 실화 등에 근거해서 비슷한 사례에 해당하는 일화를 들려주며 그 현상의 의미를 해석하고, 그것에 대해서 다른 인물들이 차례로 자신의 의견을 말하거나 아니면 또 다른 일화를 예로 드는 식으로 이야기가 이어지는 것이다. 이 때문에 새로운 일화를 시작하려 할 때 삽입되는 이야기의 동기 부여를 위해서 "정말로 이런 이야기를 들은 적이 있는데(Vrayment j'ay oui compter que)", "이에 관해서 기억나는 이야기는(Il me souvient à ce propos que)", "당신 말을 들으니 기억나는 이야기는(Vous me reduisez en memoire que)", "어떻게 된 일인지 아시겠지만(Vous sçavez comment)" 등과 같이 구전문학에서 이야기를 시작할 때 관례적으로 사용하는 표현들이 빈번하게 등장하는 것을 볼 수 있다. 『제4서』는 팡타그뤼엘 일행이 미지의 세계를 여행하면서 행동을 통해 모험에 나서는 대신에 기회 있을 때마다 모여 앉아 이야기를 나누며 환상의 섬들과 그들이 알고 있는 현실세계를 비교하면서 목격한 새로운 사실이 무엇을 의미하는지를 파악하는 것이 여행의 주목적이 되고 있다는 점에서 소설 공간 속에 충실히 재현해 놓은 구전적 서술 상황 속에서 이야기가 진행되는, 말 그대로 '말의 여행기(l'odyssée verbale)'의 전형이라 할 만한 작품이다.

II. 라블레 소설의 모델들

라블레의 팡타그뤼엘 연작을 과연 소설로 규정할 수 있는가 하는 문제는 당연하고 간단한 것 같으면서도 명쾌하게 결론을 내리기가 어려운 것이 사실이다. 라블레가 작품 활동을 하던 16세기 전반기는 어떤 기준을 적용하더라도 소설이 아직 독자적인 문학 장르로 정착되기 이전이었기 때문에 소설로 규정하는 것 자체에 논란의 여지가 있을 수밖에 없다. 사정이 이렇다 보니 라블레 연구자들 사이에서는 시대착오적인 모순이 생기더라도 소설로 보아야 하지 않겠느냐는 견해가 다수이기는 하지만 소설의 역사에 포함시키는 데 유보적인 입장 역시 여전히 남아 있다.[1)]

시대 구분의 문제 말고도 라블레 작품을 소설로 규정하기 힘들게 만

1) 『기원의 소설과 소설의 기원』을 쓴 마르트 로베르가 대표적 경우이다.(Marthe Robert, *Roman des origines et origines du roman*, Gallimard, 1972, 12쪽).

드는 이유들이 여럿 있다. 우선 16세기 당시에는 아직 roman이 소설을 가리키는 용어로 통용되지 않았기 때문이다.[2)] 라블레 역시 자신의 작품 chronique(연대기)나 histoire(역사 또는 이야기)라고 불렀을 뿐 roman이라는 용어를 사용한 적이 없다. 그리고 팡타그뤼엘 연작이 집필 시기에 따라 작품마다 상당히 큰 편차를 보이는 것도 그의 작품을 소설로 분류하기 어렵게 만드는 이유가 된다. 어떻게 한 작가의 작품이 20여년의 시간차가 있다 하더라도 형식과 내용면에서 이렇게 달라질 수 있는지, 과연 어떤 스타일의 작품이 소설의 정의에 가장 부합되는 것인지 판단을 내리기가 쉽지 않기 때문이다.

팡타그뤼엘 연작이 이처럼 시기별로 서로 다른 서술방식을 취하게 되었던 것은 라블레가 작품을 쓰던 당시에 참고할 만한 소설다운 소설의 모델 자체가 존재하지 않았던 것이 가장 근본적인 원인이라 할 수 있다. 작가의 입장에서는 자신이 구상하는 작품의 성격에 맞는 새로운 스타일을 스스로 개발할 수밖에 없었던 것이다. 그렇다고 해서 하나의 문학 텍스트가 전적으로 작가의 독창적 상상력의 산물일 수는 없는 것이므로, 이 같은 상황에서 라블레가 선택할 수 있었던 현실적인 방법은 기존 문학 작품들 중에서 적당한 모델들을 참고해가며 새로운 스타일의 작품을 직접 만들어내는 것 외에는 다른 대안이 없었을 것이다. 실제로 라블레 작품에서는 그리스·라틴 고전문학과 동시대의 작가들의 작품, 그리고 작자

2) roman은 원래 라틴어 대신에 로망어로 번역 또는 창작된 작품을 가리키는 용어였던 것이 15세기에 이르러 주로 운문체의 원작을 산문으로 옮겨 놓은 기사도 소설을 가리키는 용어로 바뀐 것이다. Pascale Mounier, "Quelques substituts de roman au XVIe siècle", *Le Roman français au XVIe siècle*, Presses Universitaires de Strasbourg, 2005, 34-35쪽 참조.

미상의 대중문학 작품 등 다양한 출처의 텍스트들의 영향을 직접 확인할 수 있다. 여기에 작가의 놀라운 창의력이 덧붙여져서 팡타그뤼엘 연작이라는 유례를 찾아보기 힘든 독창적인 일련의 작품들이 창조될 수 있었던 것이다.

팡타그뤼엘 연작에서 라블레가 참고한 모델들은 작품의 주제에 따라 바뀌게 된다. 전설적 거인왕의 행적을 기록한 『팡타그뤼엘』과 『가르강튀아』에는 연대기와 기사도 소설이, 파뉘르주의 결혼 문제를 중심으로 전개되는 『제3서』의 일련의 문답과 심포지엄에는 대화록 형식이, 그리고 신성한 술병의 신탁을 받기 위해 떠난 항해와 모험을 테마로 하는 『제4서』와 『제5서』[3]에서는 환상적 여행기가 각각 기본 모델이 되고 있는 것이다.

1) 연대기와 기사도 소설

라블레는 『팡타그뤼엘』의 서문에서 자신의 작품을 가리켜 『엄청난 거인 가르강튀아의 경이로운 대연대기』(*Les grandes et inestimables Chronicques de l'enorme geant Gargantua*), 통칭 『가르강튀아 대연대기』보다 "좀 더 공정하고 믿을 만하다는 것 말고는 같은 재료로 만들어진"[4]

3) 『제5서』는 보통 라블레 전집에는 포함시키지만 진위 여부가 불확실하기 때문에 특별히 언급할 필요가 없는 경우에는 라블레 연구에서 논외로 하는 것이 관례이므로 이 책에서도 이 관례를 따르기로 한다.

4) 라블레, 『가르강튀아/팡타그뤼엘』, 270쪽.

책이라고 소개한다. 그리고 이어서 비교할 만한 수준은 아니지만 성격이 비슷한 다른 책들로 "『술고래』(*Fessepinte*), 『광란의 오를란도』(*Orlando furioso*), 『악마 로베르』(*Robert le diable*), 『피에라브라』(*Fierabras*), 『겁 없는 기욤』(*Guillaume sans paour*), 『보르도 출신의 위옹』(*Huon de bourdeaulx*), 『몽트비에유』(*Montevieille*), 『마타브륀』(*Matabrune*)"[5] 등을 예로 든다. 이 중에서 『술고래』[6]를 제외한 나머지 작품들은 당시에 유행하던 기사도 소설들의 제목이거나 그 작품에 등장하는 주요한 인물들의 이름이다. 서문에서 인용한 책들을 근거로 삼아 라블레가 『팡타그뤼엘』을 집필하던 당시에 접할 수 있었던 이야기책들 중에서 그가 창작의 모델로 염두에 두었음직한 작품군(作品群)으로 우선 문제의 『가르강튀아 대연대기』와 기사도 소설 계열의 작품들을 고려해볼 수 있을 것이다.

『가르강튀아 대연대기』는 연대기라는 명칭에도 불구하고 실상은 아서왕 계열의 기사도 소설과 내용과 형식면에서 별반 다를 것이 없다. 줄거리는 아르튀스(Artus) 왕의 마법사 메를랭(Merlin)이 적의 침입에 대비해서 고래뼈로 만들었던 그랑 고지에(Grant Gosier)와 갈르멜(Gallemelle)이라는 남녀 거인 사이에서 태어난 가르강튀아가 왕을 도와 외적의 침입을 물리치고 전쟁을 승리로 이끈다는 이야기인데, 시종일관 거인의 엄청난 키와 힘, 식욕을 강조하는 데 초점을 맞춘 조잡한 대중소설에 지나지 않는다. 원래 연대기라는 용어는 역사적 사실을 시간의 경

---

5) 위의 책, 269-270쪽.

6) 『가르강튀아』의 서문에서 이 책은 『팡타그뤼엘』, 『바지 앞주머니의 권위』, 『주석이 달린 비계를 섞은 완두콩 요리』와 함께 작중화자인 알코프리바스 자신이 쓴 책으로 소개되어 있다. (위의 책, 16쪽).

과에 따라 순서대로 기술하는 편년체(編年體) 역사서를 가리키는 것으로서 16세기만 하더라도 연대기라는 제목이 붙은 중요한 역사서들이 여러 차례 간행되었기 때문에[7] 『가르강튀아 대연기』라는 제목은 – '경이로운'(inestimables)이라는 수식어가 붙어 있기는 하지만 – 이 연대기들과 같은 종류의 역사적 기록이라는 인상을 줄 수도 있을 것이다. 그렇지만 아무리 순진한 독자라도 주인공이 거인이라는 사실을 알게 되는 순간 허구적 연대기의 실체를 깨닫게 된다. 실제로 문제의 연대기는 주인공의 신기한 출생과 성장 과정, 전쟁에서의 무훈 등의 사건이 시간의 경과에 따라 차례대로 서술되고 거인과 마법사가 등장하는 등 기사도 소설의 패턴을 그대로 따르고 있을 뿐 본래의 연대기와는 완전히 성격이 다른 작품이다. 그리고 길이도 짧은데다가 핵심적인 부분이라 할 수 있는 전쟁 장면만 보더라도 서술이나 묘사 모두 초보적 수준이어서 오히려 다른 유명한 기사도 소설들에 비하여 문학적 가치가 현격히 떨어지는 것이 사실이다. 그 반면에 기본적인 줄거리와는 별개의 재미있고 기발한 에피소드들도 가끔 눈에 띄는데, 몽-생-미셸과 샹파뉴, 보스 지방의 유래, 노트르담 사원의 종, 가르강튀아의 제복, 거인의 썩은 어금니 속에 갇힌 포로들의 이야기 같이 나중에 라블레가 『가르강튀아』에서 차용해서 발전시킨 에피소드들이 그 같은 경우라 할 수 있다. 그렇다고 하더라도 이 작품이 다른 기사도 소설들과는 비교도 되지 않을 만큼 훌륭한 것이라는 라블레의

7) 니콜 질(Nicole Gilles)의 『프랑스 연보 및 연대기』(*Annales et chroniques de France*)는 저자 사후에도 정기적으로 재간행되었고, 로베르 가갱(Robert Gaguin)의 『약사』(*Compendium*)가 이 시대에 가장 큰 성공을 거둔 역사서인데 1494~1586년 사이에 라틴어판 19쇄, 불어판이 7쇄 인쇄되었다. (Michel Simonin 편, *Dictionnaire des lettres françaises, Le XVIe siècle*, Fayard, 2001 참조).

평가는 분명 의도적으로 과장된 것이다. 당시에 유행하던 이 대중소설과 같은 유형이지만 더 높은 수준의 작품이라는 점을 강조함으로써 자신의 『팡타그뤼엘』에 대한 기대 효과를 높여보려는 작가의 계산이 깔려 있다고 보아야 할 것이다.

라블레는 작품 전체를 통틀어 연대기라는 용어를 『팡타그뤼엘』의 서문 말고는 『가르강튀아』의 서문에 "이 즐겁고 새로운 연대기"(ces joyeuses et nouvelles chronicques)[8]라고 한 번 더 사용했을 뿐이다. 작가는 팡타그뤼엘 연작 중에서 『팡타그뤼엘』과 『가르강튀아』의 성격을 연대기로 규정한 것과는 달리 나머지 작품의 제목에서는 일관되게 『선한 팡타그뤼엘의 영웅적인 언행록 제3서』(*Le Tiers Livre des faicts et dicts heroïque du bon Pantagruel*), 『언행록 제4서』 하는 식으로 장르 구별과는 무관하게 주인공의 행적에 관한 기록이라는 점을 내세운 가치중립적인 표현을 사용한다. 실제로 『제3서』 이후의 작품에서 연대기적 성격이 사라지는 것도 사실이다. 『제3서』는 파뉘르주의 결혼 문제에 관한 일련의 문답으로 이루어진 대화체 형식의 작품이고, 『제4서』는 신성한 술병의 신탁을 받기 위해 떠나는 환상적인 여행기이므로 이야기의 구성 방식이 자연스럽게 테마 중심으로 바뀌게 되기 때문이다.

유럽 중세문학이 공유했던 문화적 전통이라 할 수 있는 전설적인 기사들의 모험을 다루는 기사도 소설들과 거인을 주인공으로 내세운 『가르강튀아 대연대기』는 같은 허구적 모험담이라 하더라도 작품의 성격에는 상당한 차이가 있다. 기사도 소설에서는 주인공으로 등장하는 기사가 실존

---

8) 라블레, 『가르강튀아/팡타그뤼엘』, 18쪽.

했던 역사적 인물이기나 한 것처럼 이야기의 진실성을 담보하기 위해서 관례적으로 그 역사성을 강조하는데 비해서, 거인을 주인공으로 등장시킨 『가르강튀아 대연대기』 같은 작품은 아무리 연대기라는 제목을 붙이더라도 그것이 비현실적 허구라는 독자의 인식을 불식시키는 것은 애당초 불가능한 일이기 때문이다. 그리고 플라타르(Plattard)에 의하면 『가르강튀아 대연대기』 이전에 거인을 주인공으로 등장시킨 기사도 소설이 프랑스에는 없었다고 하는데,[9] 거인이 주인공으로 등장하게 되면 단순히 주인공의 신분만 바뀌는 것이 아니라 그가 겪는 사건의 성격과 이야기의 진행 방식 등 많은 부분이 전통적 기사도 소설과 달라질 수밖에 없다. 『가르강튀아 대연대기』 이전에 거인은 작품 속에서 대개 힘으로 주인공을 돕는 조력자 역할을 담당했던 것과는 달리, 주인공으로 위상이 바뀌게 되면 거인의 엄청난 키와 힘, 식욕 등 신체적 특징과 관련된 에피소드들이 작품 전체의 중심 테마로 자리 잡게 되고 그 비중도 훨씬 더 커지는 변화를 겪게 된다. 그리고 독자들은 기사들 사이의 정식 결투 대신에 비현실적으로 과장된 엄청나게 많은 수의 적들을 마치 장난하듯이 힘들이지 않고 단숨에 물리치는 거인의 초인적인 활약상을 목격하게 되는데, 여기에 폭음과 폭식, 성적 결합이나 배설 등의 본능적 행위에 대한 묘사까지 곁들여지게 되면 거인의 모험은 결국 아무도 믿지 않는 기상천외의 희극적 상황 속에서 벌어질 수밖에 없다. 더군다나 민간 설화에서 거인은 원래부터 몸집은 거대하지만 어리숙하고 충동적인 성격에 친근하고 속이기 쉬운 상대로 인식되어 왔기 때문에 이상적으로 미화된 전통적 기사도

9) Jean Plattard, *L'Œuvre de Rabelais*, Champion, 1967, 10-11쪽.

소설의 기사들과는 발상부터가 다른 희극소설의 주인공이 제격이라 할 수 있다.

『가르강튀아 대연대기』가 팡타그뤼엘의 아버지로 같은 이름의 거인을 등장시킨 라블레의 『가르강튀아』에 여러 에피소드들을 제공했던 것과 비교해보면, 기사도 소설의 경우에는 팡타그뤼엘 연작에 특별히 영향을 미쳤다고 꼽을 만한 작품은 없어 보인다. 기껏해야 기사도 소설에 나오는 이야기와 비슷한 성격의 사건이나 인물이 등장할 때 그 연관성을 간단히 언급하고 넘어가는 경우가 대부분이다. 『팡타그뤼엘』의 서문에서 라블레가 자신의 작품과 성격이 비슷한 여러 기사도 소설들의 제목을 열거했던 것처럼, 특히 팡타그뤼엘 연작의 다른 작품들에 비해서 이 첫 번째 작품에 당시 유행하던 대표적 기사도 소설들의 주인공에 대한 언급이 집중적으로 나타난다. 그중에서도 팡타그뤼엘의 선조들의 계보와 목이 잘린 에피스테몽이 지옥에서 목격했다는 인물들의 목록에 기사도 소설에 등장하는 인물들의 이름이 가장 많이 인용되는 것을 볼 수 있다.

"그는 롤랑의 동료였던 프랑스의 중신(重臣) 올리비에에게 패했던 피에라브라를 낳고,
그는 이 세상에서 처음으로 안경을 끼고 주사위 놀이를 했던 모르간테를 낳고,
그는 메를랭 코카이가 그에 관해서 썼던 프라카수스를 낳고,
그에게서 페라구스가 태어났고,"[10]

이 목록 다음에도 "모미에르의 브뤼앙, 프랑스의 중신이었던 덴마크인

10) 라블레, 『가르강튀아/팡타그뤼엘』, 279쪽.

오지에에 패했던 브뤼에"[11] 등의 이름이 나온다. 예수 그리스도의 계보를 모방해서 성경, 그리스·로마 신화, 중세 작품들, 라블레가 꾸며낸 우스꽝스러운 가상의 이름들이 뒤섞여 있는 문제의 계보에서 기사도 소설에 나오는 인물들의 이름은 당시 독자들에게 가장 친숙하고 이해하기 쉬운 부류에 속했을 것이다.

"호수의 기사 랑슬로는 죽은 말가죽 벗기는 인부,

모든 원탁의 기사들은 악마 나리들이 물놀이를 하고 싶어 할 때 리옹의 뱃사공이나 베네치아의 곤돌라 사공처럼 코키토스, 플레게톤, 스틱스, 아케론, 레테 강을 건네주기 위해 노를 젓는 불쌍한 날품팔이꾼들이 되어 있더라구요. 그런데 건네줄 때마다 대가라고는 손가락으로 콧등 튕기기를 한 번 당하는 것뿐이었고 저녁 때가 되어도 젖은 빵조각밖에는 받지 못하더군요."[12]

지옥에서 생전과는 정반대의 삶을 살아가는 사람들 중에 그 외에도 보르도 출신의 위옹은 통 수리공, 브르타뉴의 아르튀스는 모자의 기름때 빼는 세탁부, 페르스포레는 짐꾼, 덴마크인 오지에는 갑옷 연마공, 에몽의 네 아들들은 이 뽑는 잡역부 하는 식으로 그 이름이 언급되는 기사도 소설의 주인공들이 여럿 있다. 고결하고 용맹스러운 기사의 삶과는 정반대의 천한 일에 종사하는 것인데 이는 물론 이들에게만 해당되는 일은 아니다. 많은 왕과 영웅들, 심지어는 교황들마저도 이들과 다를 바 없는 비

11) 위의 책.

12) 위의 책, 458쪽.

참하고 천대받는 삶을 살아가고, 반면에 생전에 궁핍하게 살았던 디오게네스나 에픽테토스 같은 철학자들이 저승에서는 부귀영화를 누린다는 것이다. 카니발의 세계와 같이 전형적인 거꾸로 된 세상의 모습이다.

길게 나열되는 목록 이외에 기사도 소설에 나오는 비슷한 성격의 사건이나 인물을 언급한 경우로는 가르강튀아의 죽음에 관한 이야기를 들 수 있다.

"얼마 후 팡타그뤼엘은 그의 아버지 가르강튀아가 예전에 오지에와 아르튀스가 그랬던 것처럼 모르간에 의하여 선녀들의 나라로 옮겨졌다는 소식을 들었다."[13)]

『가르강튀아』 이후에 기사도 소설의 인물들에 대한 언급이 급격히 줄어드는 것은 특기할 만한 점이다. 『가르강튀아』에서는 장 수도사를 『에몽의 네 아들들』(*Les quatre fils Aymon*)에 나오는 모지스라는 은자와 비교한 대목이 한군데 있을 뿐이다.

"에몽의 네 아들들에 관한 실록에 기록되어 있는, 순례 지팡이를 들고 사라센인들을 상대했다는 모지스라는 은자도 십자가 지팡이로 적군을 무찌른 장 수도사만큼 용감하게 활약하지는 못했던 것이다."[14)]

『제4서』에서는 플라타르의 지적에 의하면, 멜뤼진(Mélusine)이라는 하반신이 뱀의 모양을 한 요정에 대한 언급(38장)과 성배에 대한 언급이

---

13) 위의 책, 415쪽. 그런데 죽었다던 가르강튀아는 『제3서』에 다시 등장한다.

14) 위의 책, 146쪽.

두 번(42장, 43장) 나올 뿐이다.[15] 이 같은 변화의 원인은 라블레가 기사도 소설의 유행을 더 이상 이용할 필요 없이 자신의 작품을 내세울 수 있게 되었기 때문이라는 것이 그의 설명이다.[16] 독자적인 작품세계를 구축했고 인정도 받을 만큼 받았다는 자신감의 표현이라는 것이다.

특별한 에피소드의 차용 없이 작가가 필요하다고 판단한 부분에서 간단히 언급하는 정도로 그 영향이 제한적인 기사도 소설을 라블레 작품, 특히『가르강튀아』와『팡타그뤼엘』의 모델로 간주할 수 있는 것은 전체적인 이야기의 구성 방식이 동일한 패턴을 보여주기 때문이다. 초기의 두 작품에서 선조들의 계보, 주인공의 신기한 출생, 성장과정, 전쟁에서의 무훈의 순서로 사건이 전개되는 것은 기사도 소설의 통상적인 패턴 그대로이지만, 각 단계에 들어가는 에피소드들의 성격과 구성 방식, 그리고 본래의 줄거리에서 벗어난 여담, 화자의 사설, 지적 논의의 확대 등 라블레 소설 특유의 서술방식을 기사도 소설과 비교해보면 그 차이는 확연히 드러난다.

1532년 첫 번째로 발표되었던 작품으로 다음에 나오는『가르강튀아』에 비해서 비교적 구성이 단순한『팡타그뤼엘』의 경우에도 기사도 소설에서는 간단히 취급되는 주인공의 성장 과정에 관한 에피소드들이 작품 전체에서 상당히 큰 비중을 차지하는 것을 볼 수 있다. 어린 주인공의 엄청난 식욕과 힘에 관한 일화를 소개한 4장 팡타그뤼엘의 유년시절로부

15) Jean Plattard, 앞의 책, 10쪽.

16) 위의 책.

터 시작해서 프랑스의 대학 순례(5장), 엉터리 라틴어를 사용하다가 혼이 나는 리모주 출신 학생의 일화(6장), 파리 방문과 생 빅토르 도서관의 장서 목록(7장), 가르강튀아가 파리에서 공부하는 아들에게 학문에 전념할 것을 권하는, 흔히 르네상스의 찬가라고 불리는 편지(8장), 그리고 횡설수설로 이루어진 재판을 다룬 10장에서 13장까지는 주로 팡타그뤼엘의 교육과 그의 놀라운 지적 능력과 관련된 이야기들이다. 여기에 파뉘르주가 주인공으로 등장하는 별개의 에피소드들, 그러니까 팡타그뤼엘과 처음 만나는 장면인 9장부터 터키인들로부터 도망친 경위를 설명한 14장, 파리의 성벽을 쌓는 혁신적인 방법을 제안한 15장, 파뉘르주의 성품과 처지가 알코프리바스와의 대화를 통해서 드러나는 16장, 파뉘르주의 면죄부 사기 사건과 과거에 있었던 일로 추물로 변한 노파들을 결혼시킨 이야기, 파리 처녀들을 상대로 벌였던 소송 사건을 소개한 17장, 영국의 위대한 학자 토마스트와 파뉘르주가 몸짓으로 벌인 논쟁을 다룬 18장에서 20장까지와 파뉘르주의 구애를 거절한 파리의 귀부인을 골탕 먹인 사건을 다룬 21장과 22장을 덧붙이면, 전쟁에서 승리를 거두기 이전, 그러니까 주인공의 수련기간에 해당하는 에피소드들이 전체 34장 중에서 절반 이상을 차지하는 것을 볼 수 있다. 그리고 이 에피소드들은 대부분 사건 중심의 기사도 소설에서는 그 유례를 찾아보기 힘든 것들로서 라블레 소설이 얼마나 대중문학과 그 발상이 다른 것인지를 여실히 보여주는 것이다. 외관상 기사도 소설의 패턴을 따르고 있는 듯이 보이지만, 주인공의 행적 속에 자신의 학문적 관심사와 시대에 대한 인식과 평가를 담은 일련의 에피소드들을 삽입하는 방식으로 작가는 본래의 거인왕의 연대기와는 다른 차원의 이른바 '작품의 숨은 의미'에 대한 새로운 해석의 가능성을 열어놓은 것이다.

기사도 소설에서 가장 핵심적인 부분이라 할 수 있는 기사들의 결투 장면 역시 라블레 소설이나 『가르강튀아 대연대기』처럼 거인을 주인공으로 등장시킨 경우에는 상황이 달라질 수밖에 없다. 거인들이 기사들과 같이 칼이나 창을 무기로 적과 일대일의 정식 결투를 벌일 수 없기 때문에 몽둥이나 철퇴, 아니면 팡타그뤼엘처럼 돛대 같은 큰 물건을 사용해 상대방 거인과 겨루거나 아니면 많은 수의 적군을 한꺼번에 물리치는 괴력을 발휘하는 식으로 전투에 나서게 된다.

『팡타그뤼엘』에서 거인들 사이에서 벌어지는 전투 장면에 앞서 작중 화자는 서사시의 전통에 따라 시의 여신들에게 영감을 불어넣어줄 것을 기원하는 사설로써 이야기를 시작한다.

"오, 이제 팡타그뤼엘이 3백 명의 거인들을 상대로 어떻게 행동했는지를 누가 이야기할 수 있겠는가?

오, 나의 무사이, 나의 칼리오페, 나의 탈레이아여, 지금 내게 영감을 불어넣어 주오. 내가 다시 정신을 차리도록 해주오. 여기에 논리학에 나오는 당나귀들의 다리와 발을 헛디디게 만드는 함정이 있으니, 이것이 끔찍했던 전투 장면을 묘사하기 어려운 까닭이로다.

이토록 진실된 이야기를 읽을 사람들이 결코 마셔본 적이 없는 가장 좋은 포도주 병을 지금 가질 수 있기를 바라는 것이 내 소망이노라!"[17]

17) 라블레, 『가르강튀아/팡타그뤼엘』, 443-444쪽.

기사도 소설 이전의 서사문학의 원류로까지 거슬러 올라가 장중한 서사시의 문체를 모방한 화자의 사설은 패러디의 전형을 보여준다. 영웅들의 모험을 노래하는 서사시의 관례에 따라 팡타그뤼엘의 영웅적인 무훈을 찬양하기 위하여 이렇게 서두를 꺼낸 것처럼 보이지만, 시의 여신들에게 영감을 불어넣어달라는 상투적인 기원의 말 역시 바로 이어지는 엉뚱하고 우스꽝스러운 설명으로 인해서 그 진정성을 상실하게 된다. 서사문학의 패러디에서 맛볼 수 있는 재미는 상당부분 "우스꽝스러운 모험과 그런 모험을 영웅적인 것, 진실된 것으로 표현하는 도식 사이의 대비"[18]에서 찾을 수 있는 것이므로, 작가는 희극적 효과를 높이기 위하여 내용과 형식 사이의 불균형을 의도적으로 더 강조하는 편을 택한 것이다. 그리고 이 '진실한 이야기'를 읽을 독자들이 – 고전에 익숙한 독자라면 이 대목에서 제목과 전혀 다르게 황당하기 짝이 없는 비현실적 모험들로 일관하는 루키아노스의 『진실한 이야기』를 떠올릴 수 있을 것인데 – 전에 마셔본 적이 없는 좋은 포도주를 마실 수 있기를 바란다는 화자의 덕담은 이 이야기가 본래의 서사시와는 달리 독자들과 함께 먹고 마시며 즐기는 주연의 분위기 속에서 진행될 것임을 암시하는 것이다. 앞에서 말한 바와 같이, 라블레 소설을 읽는다는 것 자체가 "팡타그뤼엘리슴을 실천하는 것, 다시 말해서 마음껏 마시며 팡타그뤼엘의 무시무시한 행적을 읽는 것"[19]이기 때문이다.

라블레는 『팡타그뤼엘』의 서문에서 『가르강튀아 대연대기』와 같은 종류의 재료로 만들어진 것이라 하더라도 "좀 더 공정하고 믿을 만하다"는

18) Guy Demerson, "Paradigmes épiques chez Rabelais", *Etudes rabelaisiennes*, 제21집(1988), 227쪽.

19) 라블레, 『가르강튀아/팡타그뤼엘』, 23쪽.

점을 내세우며 자신의 작품에 대해서 차별성을 강조한 바 있다. 자신의 작품이 문제의 연대기나 기사도 소설처럼 순전히 허구의 산물이 아니라 실제 있었던 역사적 사실을 기록한 이야기라는 점을 강변하는 것이다. 그리고 그 근거로 알코프리바스라는 작중인물 겸 화자의 증언을 내세우며, 이 책이 그가 주군으로 모시고 있는 팡타그뤼엘의 행적과 무훈에 관한 것이고 그는 사관의 임무에 충실하게 보고 들은 사실만을 있는 그대로 기록한 것이라고 주장한다. "우리는 본 것을 증거하노라"(quod vidimus testamur).[20]

라블레는 연대기가 그의 소설의 모델이라는 주장을 작품 서두에서 다시 한 번 확인시켜준다. 『팡타그뤼엘』 1장 서두에서부터 작중화자 알코프리바스가 나서서 전통적인 연대기의 기술 방식에 따라 선조들의 역사, 다시 말해서 주인공 가문의 계보로부터 이야기를 시작하겠다고 언명하는 것이다. 그런데 이야기를 진행하는 도중에 알코프리바스는 거인왕의 연대기를 편찬하기 위해서 자신이 팡타그뤼엘을 수행하며 직접 목격한 사건들 외에도 필요한 경우에는 다른 사료들을 읽고 검토했다는 사실을 밝힘으로써 앞서의 주장을 부분적으로 수정하는 것을 볼 수 있다. 그리고 아버지의 연대기로 거슬러 올라간 『가르강튀아』에서 그는 시대착오의 오류를 범하지 않고서는 직접 목격하거나 동참하는 것이 불가능한 과거의 사건들을 기술하는 과정에서 참고했던 다른 사료들을 종종 언급하기도 한다.

---

20) 위의 책, 270쪽.

"몽소로의 기록 보관소에 있는 고문서에서 나는 그가 다음과 같이 옷을 입었다는 사실을 알아냈다."[21)]

"가르강튀아가 도착하자 기다리던 사람들은 두 팔을 벌려 그를 영접했다. 그들보다 더 기뻐한 사람들은 일찍이 본 적이 없었다. 왜냐하면 『연대기 보유편의 보유』에는 가르가멜이 기쁨에 겨운 나머지 죽고 말았다고 했기 때문이다. 그러나 나로서는 이에 관해서 아는 바가 없고, 그녀나 다른 어느 여자에게도 관심이 없다."[22)]

환상의 세계와 연대기가 그 속성상 양립할 수 없는 것은 당연한 일이다. 도저히 진실로 받아들일 수 없는 허구나 비현실적인 과장 등은 연대기에서는 용납될 수 없는 것이기 때문이다. 또한 객관성이 결여되거나 중립적이지 않은 개인적 판단이나 편견 역시 연대기 작가에게는 금기사항이다. 위의 예문에서 볼 수 있듯이, 여자들 일에는 관심이 없다는 화자의 여성비하적인 발언은 희극적 상황을 연출하는 데는 효과적이겠지만 본래의 연대기의 성격에는 맞지 않는다. 이렇듯 전설적 거인왕의 행적을 기록하면서 애당초 불가능한 연대기를 모델로 삼았다고 주장하는 것은 이야기의 진실성을 담보한다는 연대기의 규범을 체계적으로 위반하고 패러디함으로써 작가가 의도하는 희극적 글쓰기의 효과를 살릴 수 있다고 판단했기 때문일 것이다.

라블레 소설 같이 본래의 연대기 또는 기사도 소설을 패러디한 작품

---

21) 위의 책, 52쪽.

22) 위의 책, 179쪽.

과 무훈시나 기사도 소설처럼 서사문학의 전통을 계승한 작품들은 그 내용이 비현실적 허구라는 점은 같다 하더라도 이야기의 진실성을 강조하며 독자를 이야기 속으로 끌어들이는 방식에 있어서는 현격한 차이를 보인다. 라블레 소설이 이야기의 허구성을 오히려 부풀림으로써 장난처럼 그 희극적 분위기를 독자가 즐기게끔 하려는 것과 달리 기사도 소설에서는 독자로 하여금 적어도 책을 읽는 동안만큼은 허구의 세계 속에 몰입할 수 있도록 독자의 믿음을 훼손시키지 않으려 하기 때문이다. 특히 환상문학이나 공상과학소설처럼 비현실적인 사건들이 주류를 이루는 경우에 작가는 외부 대상들에 대한 구체적이고 사실적 묘사를 집중적으로 배치함으로써 사실적 환상(illusion réaliste)을 가능한 한 유지시키는 데 신경을 쓰게 마련이다.

『가르강튀아 대연대기』와 비교해볼 때 『팡타그뤼엘』과 『가르강튀아』에서는 처음과 끝 부분, 그러니까 주인공의 출생과 유년시절, 그리고 전쟁에서의 무훈과 관련된 에피소드들을 제외하고는 주인공이 거인이라는 사실을 독자들이 잊어버릴 만큼 거인에 관한 테마는 상대적으로 축소된다. 『가르강튀아』 11장에서 어린 가르강튀아가 아버지의 작은 개들과 밥을 같이 먹으며 그가 개들의 귀를 물어뜯으면 개들은 그의 콧잔등을 할퀴고, 그가 개들 엉덩이에 바람을 불어넣으면 개들은 그의 입술을 핥는 장면만 보더라도, 그 또래의 어린아이가 개들과 어울려 장난치는 모습 그대로일 뿐 엄청난 거인의 모습은 찾아볼 수 없다. 라블레는 거인의 신체적 특징을 부각시키는 데 치중했던 『가르강튀아 대연대기』 같은 작품들과는 달리 자신의 작품에서는 르네상스 시대의 이상적 인간형으로 모든 면에서 뛰어난 자질과 능력을 지닌 전인(全人)의 모습을 – 육체적인 완벽함도 그 일부를 이루는 것으로 – 주인공을 통해서 재현하려고 했던 것이므로 거인의 모습을 상기시키는 에피소드들로 일관하는 것은 오히려 작가의 의도에 방해가 될 뿐이라고 판단했을 것이다.

그리고 거인으로서의 활약상을 보여줄 때에도 라블레 소설에서는 에피소드 중간에 다른 테마가 추가되면서 예상치 못한 새로운 방향으로 사건이 전개되는 경우가 자주 있다. 『가르강튀아 대연대기』에서 거인이 오십 명의 포로들을 잡아 썩은 어금니 속에 가둔 이야기를 예로 들어보면, 이 일화는 『가르강튀아』 38장에서 샐러드와 함께 가르강튀아에게 산 채로 먹히는 봉변을 당한 여섯 명의 순례자들의 에피소드로 바뀌게 된다.

"이렇게 삼켜진 순례자들은 할 수 있는 한 최선을 다해서 맷돌같이 생긴 그의 치아 밖으로 도망치려고 했는데, 자신들이 깊은 지하 감옥에 던져졌다고 생각하고 있었다. 그때 가르강튀아가 엄청난 양의 포도주를 마시자, 그들은 그의 입 안에서 익사하는 줄 알았는데, 포도주의 격류가 그들을 그의 위 속의 심연으로 거의 휩쓸어갈 뻔했던 것이다. 하지만 몽-생-미셸로 가는 순례자들처럼 순례 지팡이를 짚고 도약해서 치아의 가장자리로 가까스로 피신할 수 있었다.

그런데 불행히도 그들 중 하나가 자기들이 안전한지 알아보려고 순례 지팡이로 그 근방을 더듬다가 충치의 파인 곳을 심하게 후려쳐 아래턱 신경에 강한 충격을 주고 말았다. 이에 가르강튀아가 엄청난 고통을 느꼈고, 격심한 고통을 참으려고 고함을 지르기 시작했다.

그리고 고통을 진정시키기 위하여 이쑤시개를 가지고 오게 해서는 까마귀 호두나무 있는 데로 나가서 순례자 나리들을 밖으로 내몰기 시작했다."[23]

이어서 순례자들이 도망치다가 늑대를 잡으려고 파놓은 함정에 빠지게 되자 그들 중 한 순례자가 자신들이 겪은 불운을 『구약』 시편에 견주어 설명하는 대목이 나오고, 45장에 가서는 순례자들을 만난 가르강튀아의 아버지인 그랑구지에 왕이 이들에게서 페스트를 피하게 해달라고 이 역병을 관장하는 성자에게 빌기 위해서 순례에 나섰다는 이야기를 듣고서 당시에 흔히 행해지던 성지 순례와 성자 숭배의 폐해에 대하여 통렬한 비판을 가하는 것으로 순례자들의 에피소드는 마무리된다. 거인의 어금니 속에 사람들이 갇힌 황당한 사건이 미신적 신앙에 대한 라블레의 고발에 정당한 동기를 제공한 셈이다. 이처럼 라블레가 원작의 에피소드들을 차용한 예들을 살펴보면, 그 에피소드 자체를 재미있는 이야기거리로 포장해서 다시 사용하는 데 그치는 것이 아니라 작품의 전체적인 구도에 맞게 다른 구성요소들과 결합시켜 보다 진전된 방향으로 이야기를 발전시켜 나가는 경우가 많다.

『팡타그뤼엘』의 경우, 기사도 소설의 영향이 특별한 에피소드의 차용 없이 사건의 구성 방식에서 비슷한 패턴을 보여주는 수준에 머무르는 것에 비해서, 라블레가 아버지의 이야기로 거슬러 올라가 『가르강튀아』를 쓰게 되면서 『가르강튀아 대연대기』는 단순한 모델의 차원을 넘어서서 전면적 개작의 대상이 될 수밖에 없었다. 라블레가 세계문학사상 그 유례

23) 위의 책, 183쪽.

를 찾기 힘들 정도의 '치명적 수정(correction meurtrière)'[24]을 가함으로써 원작의 존재를 완전히 지워버렸다고 주네트(Genette)가 평가한 대로 『가르강튀아 대연대기』는 라블레의 『가르강튀아』가 발표된 이후로는 그 존재 가치를 상실하고 만다. 『가르강튀아 대연대기』에서 라블레가 차용한 대표적 세 에피소드, 가르강튀아의 암말에 의한 보스 숲의 황폐화, 가르강튀아의 제복, 노트르담 사원의 종 탈취 사건의 변형 과정을 살펴보면,[25] 라블레 소설에서는 이 에피소드들이 원작에서와 같이 거인의 특징과 관련된 단순한 일화 수준에 머무르는 대신 새로운 에피소드들과 결합하여 작품 전체의 지적 구도 속에 통합되는 것을 확인할 수 있다.

라블레가 『팡타그뤼엘』의 에필로그에서 예고했던 속편의 내용과 전혀 다른 『가르강튀아』를 썼던 것을 보면, 첫 번째 작품의 집필을 끝냈던 당시만 하더라도 아직 팡타그뤼엘 연작 전체에 관한 구상이 완전히 서 있지 않았고, 제2권에서는 파뉘르주와 팡타그뤼엘의 결혼 이야기와 루키아노스의 『진실한 이야기』에서 착안한 듯한 달나라 여행과 저승세계로의 모험을 중심으로 작품을 써보려는 계획을 가지고 있었던 것 같다.

"여러분은 이 이야기의 나머지 부분을 다음번에 열리는 프랑크푸르트 장(場)에서 볼 수 있을 것이다. 그 책에서 여러분은 파뉘르주가 어떻게 결혼을 하고 신혼 첫달부터 오쟁이를 졌는지, 팡타그뤼엘이 어떻게 현자의 돌을 찾았는지 그것을 찾은 방식과 용도에 관해서. 그리고 그가 어떻게 카스피 산맥을 넘었는지, 어떻게 대서양을 항해하며 카니발 제도를 정

24) Gérard Genette, *Palimpsestes*, Le Seuil, 1982, 220쪽.

25) 이 에피소드들의 변형 과정에 관해서는 졸고 "라블레 소설에서의 모방과 변형", 이환 외, 『프랑스고전문학연구, 르네상스에서 고전주의까지』, 민음사, 1995, 34-56쪽을 참조할 것.

벌하고 페를라 제도를 정복했는지, 어떻게 사제왕 요한이라는 인도의 왕의 딸과 결혼했는지. 어떻게 악마들과 싸워 지옥의 방 다섯 개를 불태우고 커다란 검은 방을 약탈했으며 프로세르피나를 불 속에 던져버리고 루시페르의 이 네 개와 엉덩이의 뿔을 부러뜨렸는지, 그리고 실제로 달이 온전한 것인지 아니면 여자들의 머릿속에 그 4분의 3이 들어 있는 것인지를 알아보기 위하여 그가 어떻게 달나라를 방문했는지, 그리고 수많은 다른 사소하고 재미있으면서 모두 진실한 이야기들을 읽을 수 있을 것이다. 이것은 멋진 일거리이다."[26]

적어도 라블레가 처음에 세웠던 계획대로라면, 제2권은 가르강튀아의 연대기 대신 팡타그뤼엘의 모험의 속편이 되었어야 할 것이다. 간판격인 기사의 모험을 중심으로 작품군(cycle)이 만들어지는 무훈시의 경우에도 아버지나 선조를 주인공으로 하는 새로운 작품이 추가되는 예들이 있으므로 아버지의 연대기로 거슬러 올라간 것이 전례가 없었던 일은 아니지만,[27] 제2권에 파뉘르주와 팡타그뤼엘의 결혼 이야기가 같이 들어 있고 루키아노스의 경우처럼 달나라 여행도 구상했던 것으로 보아서는 한 권에 남은 이야기를 마저 다 쓰려고 했던 것 같고 계속 연작을 발표할 계획은 없었던 것으로 짐작된다. 아들의 연대기 다음에 아버지의 연대기로 거슬러 올라가는 데 결정적 계기가 된 것이 『팡타그뤼엘』의 대성공이었다는 것은 많은 사람들이 인정하듯이 거의 확실해 보인다. 그리고 첫 작품이라 아직 기존의 모델들을 염두에 두고 그 유사성을 의식적으로 강조했던 것에 비해서, 자신감을 갖게 된 이후에 라블레는 본격적으로 자신

26) 라블레, 『가르강튀아/팡타그뤼엘』, 481-482쪽.

27) Jean Larmat, *Le Moyen âge dans le Gagantua de Rabelais,* Les Belles Lettres, 1973, 155쪽.

의 구상대로 현실에 대한 풍자와 비판, 그리고 새로운 시대에 대한 염원을 담은 책을 쓰려고 했다는 것은 그 후에 나온 작품들을 통해서 확인할 수 있는 사실이다. 그 결과 작품의 배경이 되는 시대는 오히려 아버지 대(代)로 거슬러 올라갔지만 『팡타그뤼엘』에서보다 더 체계적으로 구시대와 새로운 르네상스 시대의 제도와 문화, 가치관을 대비시킴으로써 인류의 미래와 진보에 대한 낙관적 기대를 강력히 표명한, 말 그대로 프랑스 르네상스의 찬가를 쓰게 되었던 것이다. 중세 스콜라식 교육과 새로운 인문주의 교육, 과거의 야만적 침략전쟁과 기독교 군주의 평화 정책, 중세 가톨릭교회의 수도원 제도의 폐해와 이상적인 텔렘 수도원의 모습 등 관련된 에피소드들이 주제별로 대칭 구조를 이루면서 같은 연대기식 구성이지만 『팡타그뤼엘』에 비해서 『가르강튀아』에 이르러 비로소 라블레가 의도했던 지적 구도가 보다 충실히 재현되기에 이른다.

2) 대화록

서구문학에서 대화체 형식의 작품들은 서사시와 비극 같은 그리스 고전문학의 대표적 장르들 못지않게 오랜 역사와 전통을 지니고 있다. 그리스·로마 고전문학 시대의 작품들로는 『소크라테스의 변명』, 『크리톤』, 『향연』, 『파이돈』 등 기원전 4세기에 플라톤이 쓴 일련의 대화편에서 그 전형적인 예를 찾을 수 있는 '철학적 대화'의 유형, 그리고 기원후 2세기 로마제국 시대에 그리스 출신의 풍자작가 루키아노스가 쓴 『신들의 대화』, 『망자들의 대화』 등의 대화편으로부터 유래하여 흔히 루키아노스 식 대화라고도 불리는 '풍자적 대화' 유형의 작품들이 있다. 라틴문학에서는 철학적 대화의 대표적 예로 기원전 1세기 키케로의 대화집을 들 수 있고, 대표적 메니포스 식 풍자문학으로 알려진 기원후 1세기 페트로니우스의 『사티리콘』 역시 많은 부분이 풍자적 대화로 이루어진 작품이다. 르네상스 시대의 대표적 인문주의자들로 라블레에게 큰 영향을 미쳤던 에라스무스와 토마스 모어도 루키아노스의 작품 여러 편을 라틴어로 번역함으로써 풍자적 대화를 소개하는 데 기여했던 것으로 알려져 있다.[28] 그리고 그들이 직접 쓴 작품들도 대화체 형식과 관련이 많은데, 에라스무스의 경우를 보면 『우신예찬』(*Eloge de la folie*)과 『대화집』(*Les Colloques*) 중에서 『대화집』은 물론이고 『우신예찬』의 경우도 대화 상대자의 존재를 전제로 한 독백체의 수사적 담론으로 되어 있다. 토마스 모어의 『유토피아』 2부 역시 라파엘 선장이 토마스 모어와 그의 동료를 상대로 유토피아에 관한 상세한 보고를 들려주는 대화 상황 속에서 진행되는 일방적 진술 형식의 견문록이다. 이외에도 16세기 교양서로 많이 읽혔던 궁정의 예의범절을 다룬 카스틸리오네의 『궁신』(*Le Courtisan*) 역시 대화체로 이루어진 작품이다.

르네상스 시대에는 대화체 형식의 작품을 상당히 선호했던 것으로 알려져 있는데,[29] 특히 에라스무스의 『대화집』은 풍자적 대화의 전형이라 할 만

28) Rabelais, *Œuvres complètes*, Mireille Huchon 편, 1346-1347쪽 참조.

29) Blandine Perona, "Le Dialogue à la Renaissance", *Panurge, Actualité de la recherche autour de la Renaissance* (http://www.panurge.org/spip.php?article353).

한 작품으로 라블레에게도 상당한 영향을 미쳤을 것으로 여겨진다. 루키아노스의 대화가 주로 신화와 관련된 비현실적인 상상의 세계를 대상으로 했던 것에 비해서, 에라스무스의 경우는 다양한 계층의 인물들 사이의 친숙한 대화를 통하여 당시의 사회 상황과 풍속을 구체적이고 생동감 있게 전해준다는 점에서 풍자적 대화의 영역을 현실세계로 확대시킨 것이다. 그의 『대화집』은 라틴어로 씌어진 관계로 대중들에게 널리 알려지지는 않았지만 루키아노스로부터 시작된 풍자적 대화가 근대적 문학 장르들과 접목될 수 있게 연결고리 역할을 한 중요한 작품이다. 또한 에라스무스의 『대화집』에서는 당시 사회 현실에 대한 풍자와 더불어 작중인물들이 들려주는 별개의 이야기가 대화 속에 삽입되는 새로운 형식의 대화가 시도된 것도 특기할 만한 점이다. 「이야기꾼들의 연회」(Le Banquet des conteurs)[30]가 대표적 예인데, 이 대화편에서는 보카치오의 『데카메론』의 구성 방식과 비슷하게 연회에 참석한 열 명의 친구들이 모임을 주관할 왕을 뽑고 그 왕의 지시에 따라 차례로 돌아가며 한 편씩 재미있는 일화를 들려주는 식으로 이야기가 진행된다. 인물들의 대화만으로 이루어진 텍스트는 임시로 화자의 역할을 맡는 인물이 준비한 이야기에 관한 짧은 설명을 곁들이는 도입부와 이야기가 끝난 다음 청중들 사이의 대화로 되돌아가서 마무리 짓는 테두리 이야기(histoire-cadre) 속에 화자가 들려주는 일화가 삽입되는 액자 구조로 되어 있다. 모두 10편의 에피소드 중 5편은 프랑스의 루이 11세, 독일의 막시밀리안 1세 두 왕의 현명한 처

30) Erasme, *Erasme, Eloge de la folie, Colloques, Réflexions sur l'art, l'éducation, la religion, la guerre, la philosophie, Correspondance*, Robert Laffont, 1992, 321-336쪽

신과 공정한 판결에 관한 것이고, 나머지 5편은 중세의 소극 『파틀랭 선생』(*La Farce de Maître Pathelin*)처럼 속임수를 써서 물건 값을 치루지 않고 떼어먹는 사기꾼들의 이야기이다. 전체적으로 풍자적이라기보다는 해학적이고 사실적인 성격의 일화들이 주류를 이룬다. 이 같은 형식의 대화는 루키아노스의 대화집에서는 찾아볼 수 없었던 것인데, 그것은 보카치오의 『데카메론』 이후 새로 나타난 단편집들의 구성 방식에 대화체 형식이 적용된 것이기 때문이다. 테두리 이야기 속에서 작중인물들이 차례로 화자의 역할을 맡아 들려주는 '사실적이고 새로운 이야기'(nouvelle)는 비현실적 허구로 가득 찬 먼 옛날의 '선녀 이야기'(conte de fée)와는 달리 우리에게 친숙한 현실세계의 일상적 삶의 모습을 구체적으로 재현한 것이다. 이처럼 소설 공간 속에 작중인물들이 이야기를 나누기 위한 '이야기 그룹'(société conteuse)[31]을 설정해놓고 인물들이 들려주는 단편적 일화들을 대화 속에 삽입시키는 이야기의 구성 방식은 『엡타메롱』(*Heptaméron*)을 위시해서 15~16세기 프랑스에서 유행했던 단편집들에서도 비슷한 예가 있기는 하지만, 라블레 소설에서는 그 수준을 훨씬 뛰어넘어 사건의 진행과 인물들의 대화가 분리되지 않고 자연스럽게 통합이 이루어지는 경지에 이르게 된다.

팡타그뤼엘 연작에서 작중인물들의 대화는 연대기 방식으로 이야기가 전개되는 『팡타그뤼엘』과 『가르강튀아』와는 다르게 파뉘르주의 결혼 문제를 둘러싼 일련의 문답이라는 테마 중심으로 구성 방식이 바뀐 『제3서』 이후에 급격히 늘어나는 것을 볼 수 있다. 『제3서』는 도입부에 해당

31) Gabriel-A. Pérouse, *Nouvelles françaises du XVIe siècle, Images de la vie du temps*, Droz, 1977, 24쪽

하는 1장 "팡타그뤼엘은 어떻게 유토피아의 주민들을 집단적으로 딥소디에 이주시켰는가"와 2장 "파뉘르주는 딥소디에서 어떻게 살미공댕의 영주가 되어 익지 않은 밀을 먹었는가"까지는 통상적인 방식대로 화자의 서술 위주로 이야기가 진행되지만, 3장에서부터 살미공댕 영지의 3년치 수입을 채 2주도 되지 않아 모두 탕진해버린 것을 알고 나서 그의 행실을 나무라는 팡타그뤼엘에게 파뉘르주가 변명 삼아 채무 예찬론을 펴기 시작하면서 『제3서』의 서술방식은 완전히 인물들의 대화 위주로 바뀌게 된다. 채무 예찬론은 우주만물의 운행 원리와 인체의 생리작용을 빚을 주고받는 채권자와 채무자의 관계에 비유해 빚을 지는 것이 원만한 인간관계를 유지하는 데 필수적이라는 억지 논리로 상대를 설득하려는 루키아노스 식 역설적 예찬[32)]의 전형적 예라 할 수 있다.

"반대로 각자가 빌려주거나 빌리는, 모두가 채무자가 되거나 채권자가 되는 다른 세상을 상상해보십시오. 오, 천상계의 규칙적 운행 속에 얼마나 조화로울 것인지! 예전에 플라톤이 그랬던 것처럼 그 화음이 잘 들리는 것 같습니다. 모든 원소들 사이에 얼마나 큰 친화력이 있을 것인가! 오, 대자연은 자신의 업적과 산물에 얼마나 만족할 것인가! 케레스는 밀을 맡고, 바쿠스는 포도주를 맡고, 플로라는 꽃을 맡고, 포모나는 과일을 맡고, 평온한 모습의 유노는 얼마나 온유하고 유익하며 마음을 기쁘게 해줄 것인가!"

---

32) 역설적 예찬의 원조 역시 루키아노스인데 그의 작품들 중에서 『파리 예찬』과 『식객(食客) 예찬』 같은 작품들이 전형적인 예이다. 상대를 설복하기 위해 억지논리도 서슴지 않는 소피스트들의 궤변에도 역설적 예찬의 방식이 자주 사용되었다. 루키아노스의 『식객 예찬』의 경우를 보면 시몬이라는 식객이 그의 친구인 티키아데스와 대화를 나누며 식객 노릇이 어떻게 철학자나 수사학자보다도 완벽하고 고상한 직업이며 전문적 기술을 필요로 하는지를 논증하는 내용이다.

"저는 이 광경을 바라보느라 넋을 잃습니다. 인간들 사이에는 평화와 사랑, 자애, 지조, 휴식, 향연, 축제, 기쁨, 환희, 금, 은, 작은 동전, 목걸이, 반지, 상품들이 손에서 손으로 돌아다닙니다. 소송이나 전쟁, 분쟁이 없고, 아무도 고리대금업자, 탐욕스러운 자, 구두쇠가 되거나 거절하지 않을 겁니다. 정말이지, 이것이 사투르누스가 다스리던 황금시대가 아니겠습니까? 다른 모든 미덕은 사라지고, 자비가 홀로 다스리고, 지배하고, 통치하며, 군림하는 올림포스 제국의 이상적 모델이었던 시대였지요. 모두가 선하고, 모두가 아름답고, 모두가 정의로울 겁니다. 오, 얼마나 행복한 세상입니까! 오. 이런 세상의 사람들은 얼마나 행복할까요! 서너 배는 더 복될 겁니다. 제가 그런 세상에 살고 있는 것 같습니다."[33]

아무도 빚지지 않는 삭막하고 냉혹한 세상과 서로 빚을 주고받는 조화롭고 인정이 넘치는 세상을 대비하면서 빚쟁이의 처지가 이상적인 것처럼 미화하는 파뉘르주의 채무 예찬론은 루키아노스의 「식객 예찬」과 같이 대화 형식으로 진행되는데, 루키아노스의 모델과의 차이는 팡타그뤼엘과 파뉘르주 두 사람의 대화가 하나의 독립된 장으로 다른 부분과 분리되지 않고 화자의 서술 속에 삽입되어 전체적 사건의 진행과 바로 연결된다는 점이다. 다음 5장에서 팡타그뤼엘이 그의 채무 예찬론에 동의하지 않고 자신이 채권자와 채무자를 싫어하는 이유를 설명하는 것으로 이 문제에 대한 논의를 끝내버리자 파뉘르주는 계속되는 팡타그뤼엘과의 대화를 의도적으로 결혼과 관련된 주제 쪽으로 끌고 가는 것을 볼 수 있다. 6장은 새신랑들이 전쟁에 나가는 것이 면제되는 이유에 관한 것이고, 7장에서 파뉘르주는 결혼을 하고 싶다는 의사 표시로 귀에 벼룩을 끼

33) 라블레, 『팡타그뤼엘 제3서』, 51-52쪽.

운 금반지를 달고 바지 앞주머니가 없는 평소와 다른 옷차림으로 팡타그뤼엘 앞에 나타나는가 하면, 8장에서는 무사들의 갑옷 중에서 성기 보호대가 가장 중요한 장비인 이유에 관해서 의견을 나누는 것을 볼 수 있다. 다음 9장에서부터 파뉘르주의 결혼과 관련된 일련의 상담이 본격적으로 시작되는데, 작중인물들의 대화는 『제3서』 끝부분에 나오는 또 다른 루키아노스 식 역설적 예찬에 해당하는 '팡타그뤼엘리옹 예찬' 바로 앞까지 계속 이어지게 되므로 『제3서』는 전체적으로 보면 처음과 끝부분에만 붙어 있는 화자의 서술을 제외하고는 텍스트 전체가 마치 연극대본처럼 인물들의 대화 중심으로 이야기가 전개되는 특이한 서술구조를 갖게 된다.

에라스무스의 『우신예찬』과 같이 실제 대화는 아니지만 대화 상대자의 존재를 전제로 한 일방적 진술로 이루어진 역설적 예찬의 예는 『제3서』 끝부분의 '팡타그뤼엘리옹 예찬'에서 찾아볼 수 있다. 팡타그뤼엘의 이름을 딴 이 풀에 관해서 『제3서』 49장에서 처음 그 이름이 거론될 때만 하더라도 그것이 역설적 예찬의 대상이 되리라고는 전혀 예상할 수 없을 정도로 이 식물의 외관상 특징과 식용 방법, 재배 시기 등의 일반적인 설명 수준에 머무르고 있다. 다음 50장도 주로 식물들에 이름을 붙이는 여러 방식에 관하여 역사적 사례들을 곁들인 설명이 주된 내용이다. 팡타그뤼엘리옹에 대한 예찬론은 51장 "무엇 때문에 팡타그뤼엘리옹이라는 이름이 붙여졌는가, 그리고 이 풀의 놀라운 효능에 관하여"에서 본격적으로 시작된다. 앞서의 박물학적 설명에 의하면 삼과의 평범한 식물에 지나지 않던 팡타그뤼엘리옹이 이 장에서 열거되는 여러 놀랍고도 신기한 효능에 의해서 인류의 장래와 무궁한 발전을 보장하는 만능의 도구로 격상됨으로써 상상을 초월하는 기적적인 변신이 이루어지는 것이다. 팡타그뤼엘의 자손들이 팡타그뤼엘리옹 같은 풀의 발명에 의해서 천상계로 올라가 신들과 같은 식탁에 앉고 여신들을 아내로 맞아 신이 되는 날이 올 것을 염려하는 올림포스 신들의 예언은 팡타그뤼엘리옹 예찬론이 얼마나 인간의 능력과 미래의 발전 가능성을 극대화시킨 최고의 찬사인지를 실감하게 해준다.

『제3서』에서 파뉘르주의 결혼과 관련된 일련의 상담은 같은 패턴이 반복되는 희극적 상황 속에서 진행된다. 결혼생활이 불행해질지도 모른다는 불안감 때문에 결혼을 망설이는 파뉘르주가 팡타그뤼엘에게 조언을 구하는 것을 시작으로 그가 결정을 내릴 수 있도록 도와주려는 주위 사람들의 권유에 따라 다양한 방식의 상담을 거치는데, 모두가 하나 같이 파뉘르주는 결혼을 하게 되면 아내가 바람을 피우고, 그를 두들겨 패고 그의 재물을 훔칠 것이라는 결론에 도달하는 것을 보게 된다. 호메로스와 베르길리우스에 나오는 시구(詩句) 해석, 주사위 운세, 꿈의 해석, 무녀의 즉흥시, 벙어리의 몸짓, 죽어가는 시인의 말, 점쟁이의 점괘, 철학자·신학자·의사가 참여한 심포지엄, 미치광이의 충고의 순서로 사건이 진행되는데, 최소한의 서술을 제외한 나머지는 대부분 작중인물들의 대화로 구성되어 있는 것이 팡타그뤼엘 연작의 다른 작품들과의 차이점이다. 『제3서』의 풍자적 대화가 루키아노스의 경우와 그 성격이 달라지는 것은 풍자의 대상이 상담 그 자체, 그러니까 각각의 상담방식이나 이와 관련된 인물이 합리적이고 신뢰할 만한지, 허황된 미신이 아닌지 여부가 아니라 파뉘르주의 고집불통에 어리석기 짝이 없는 자기애(philautie)라는 데서 그 이유를 찾을 수 있다. 미래의 결혼 생활에 대해서 모든 사람들의 일치된 부정적 판단에도 불구하고 상황과 논리에 부합되는 이 같은 결과에 승복하려 하지 않고 무조건 자신이 원하는 결론에 모두가 동의해주기만을 바랄 뿐이기 때문이다.

『제3서』의 대화 상황이 희극에 가까운 것은 결혼과 관련된 상담이 진행되면 진행될수록 파뉘르주가 점점 더 곤혹스러운 상황에 몰리기 때문이다. 모든 상담의 결과는 하나같이 파뉘르주의 결혼에 대해서 부정적인 결론에 이르게 되는데, 모든 사람들의 일치된 의견을 당사자만 한사코 거부하며 자신에게 유리한 쪽으로 의미를 해석하려고 고집하는 태도는 강박증에 사로잡힌 전형적인 희극의 주인공의 모습을 보여주는 것이다. 그러다 보니 『제3서』의 인물들의 대화는 당시 사회의 제도와 관습에 대한 직접적인 풍자와 비판보다는 파뉘르주라는 인물의 아집과 자가당착에서 드러나는 희극성을 부각시키는 데 초점이 맞추어지게 마련인데, 그렇다고 해서 사회 비판적 성격이 강한 에피소드가 전적으로 배제되는 것은 아니다. 당대의 대표적 철학자, 신학자, 의사, 법률가를 모아놓고 파뉘르주의 결혼 문제에 관하여 각 분야의 전문가들의 의견을 들으려 했던 심포지엄에 법원 출두 명령을 받는 바람에 참석하지 못했던 브리두아라는 재판관의 재판을 다룬 에피소드는 당시 사법제도의 모순과 부조리를 직접 겨냥한 풍자적 대화의 전형적 예라 할 수 있다.

40년도 넘게 포스브통의 재판관으로 성실하게 봉직했던 브리두아 재판관은 잘못된 판결을 내렸다는 이유로 미를랭그 고등법원에 소환되어 재판을 받게 되는데 팡타그뤼엘은 그가 공정한 재판을 받을 수 있도록 돕기 위해서 일행과 함께 직접 재판을 참관한다. 브리두아의 변론의 요지는 자신이 노쇠해서 재판에 사용하는 주사위의 점이 몇 개인지를 잘못 셌을 수도 있다는 것이었다. "판결의 주사위"(alea judiciorum)라는 표현을 곧이곧대로 해석해서 그동안 4천 건도 넘는 소송사건을 주사위를 던져 판결을 내렸다고 실토한 것이다. 재판장의 계속되는 질문에 그는 조목조목 판례집과 법원의 관행을 예로 들어가며 자신은 그동안 다들 하는 대로 사법부의 관례에 따라 재판을 했을 뿐이라는 주장을 "나리들, 여러분처럼"(Comme vous aultres messieurs)이라는 말을 곁들여가며 되풀이하는 희극적 상황이 벌어진다. 비합리적이고 비능률적인 당시 사법제도의 모순과 잘못된 관행을 고지식한 재판관의 입을 통해서 희화하며 신랄하게 비판한 것이다.

이 같은 사회 비판적 성격이 강한 풍자적 대화는 『제3서』보다 팡타그뤼엘 연작의 다른 작품들에 더 자주 등장한다. 특히 환상의 섬들을 돌아다니는 『제4서』의 경우 방문하는 섬들에서 팡타그뤼엘 일행은 여러 신기하고도 새로운 경험을 하게 되는데, 그 환상의 세계라는 것이 기실은 현실세계의 모습을 상징적으로 재현해놓은 경우가 많기 때문에 다른 작품들보다 풍자적 대화의 비중이 더 커지는 것을 볼 수 있다.

팡타그뤼엘 연작에서는 작중인물들의 대화 가운데 단편적인 일화들이 삽입되는 경우를 종종 보게 되는데, 이 같은 현상은 특히 『제3서』 이후에 더 자주 나타난다. 파뉘르주의 결혼 문제에 관한 일련의 문답으로 이루어진 『제3서』와 서술상황이 다르기는 하지만, 환상의 섬들을 돌아다니는 여행기인 『제4서』 역시 화자의 서술보다는 인물들의 대화가 더 큰 비중을 차지하는 쪽으로 서술방식이 바뀌게 되기 때문이다. 팡타그뤼엘 일행이 방문하는 환상의 섬들에서 목격하는 신기한 풍물이나 기이한 제도, 생활 관습 등에 대해서 기회 있을 때마다 모여 앉아 서로 의견을 교환하는 대화 장면이 화자의 서술을 대체하는 경우가 점차 늘어나는 것이다. 이와 함께 작중인물들이 대화 가운데 각자 일시적으로 화자의 역할을 맡아 차례로 돌아가며 들려주는 단편적인 일화들 역시 급격히 증가하는데, 이러한 이차적 이야기들은 예화(例話)로 사용되는 경우가 많다. 대화의 주제와 어떤 식으로든 관련이 있는 다른 에피소드를 예로 들어서 말하는 사람의 주장을 뒷받침하고 현재 진행되는 논의에 대한 이해나 판단에 도움을 주려는 의도에서 단편적 일화들이 삽입되는 것이기 때문이다.

『제4서』에서 가장 분량이 많고 여러 에피소드들이 공통적 테마에 의해 연결되는 바셰 영주 이야기를 예로 들어 보면 라블레 소설에서 사건 중간에 어떻게 이야기 그룹이 형성되고 이차적 이야기들이 어떤 식으로 구성되는지를 잘 알 수 있다. 이 에피소드는 『제4서』 12장에서 16장까지 계속되는데, 프로퀴라시옹(Procuration)에 상륙한 팡타그뤼엘 일행이 매를 맞아야 먹고 살 수 있는 시카누들(Chiquanous)의 기이한 생활 방식에 관심을 갖는 데서 이야기가 시작된다. 프로퀴라시옹은 법률용어로 대리권이라는 뜻이고 이곳에 사는 시카누들은 영장을 집행하는 법원 관리들을 가리킨다. 소송사건에 시달리는 힘없는 백성들을 대신해서 바셰 영주가 시카누들을 응징한다는 것이 이 에피소드의 주된 내용이다. 통역이 팡타그뤼엘 일행에게 소송 당사자들을 괴롭히는 시카누들의 행태에 관해서 설명하자 파뉘르주가 자신이 아는 신통한 해결책을 제안하는 것으로 이차적 이야기는 시작된다.

"- 그런 재난에 대해서 (파뉘르주가 말했다) 저는 아주 좋은 해결책을 알고 있는데, 바셰 영주가 사용했던 방법이지요.

- 어떤 것인가? 팡타그뤼엘이 물었다.

- 바셰 영주는 (파뉘르주가 말했다) 용감하고, 덕이 높고, 도량이 넓고, 기사다운 분이었습니다. 그는 페라라 대공이 프랑스인들의 도움을 받아 교황 율리우스 2세의 광기에 맞서 용감하게 나라를 지켰던 오랜 전쟁에서 돌아온 다음, 생 루앙의 뚱보 수도원장의 입맛과 소일거리에 따라 날마다 소환을 당해 법정에 출두해서 소송에 시달려야 했지요."[34]

시카누의 폐해를 성공적으로 근절시켰던 바셰 영주의 해결책을 들려주겠다는 파뉘르주의 제안에 팡타그뤼엘이 관심을 보이면서 바셰 영주의 에피소드는 동기 부여가 이루어진다. 12장의 내용은 바셰 영주가 마을 사람들에게 지시를 내려 시카누가 찾아오면 거짓으로 결혼식을 올리는 척하면서 하객들이 서로 장난삼아 주먹질하는 결혼식의 풍습을 이용해 시카누를 실컷 두들겨 패기로 미리 작전을 짜놓고 계획대로 시카누를 초주검이 되게 만들어 돌려보내는 데 성공한다는 것이다. 다음 13장은 바셰 영주가 마을 사람들을 불러 모아놓고 일차 모의의 성공을 자축하는 주연을 베풀며 프랑수아 비용의 일화를 들려주는 것으로 이야기가 시작된다.

---

34) 라블레, 『팡타그뤼엘 제4서』, 102쪽.

"프랑수아 비용 선생은 만년에 선량한 교구 신부의 호의로 푸아투 지방의 생 멕상에서 은거 생활을 한 적이 있었지. 그곳 사람들에게 오락거리를 제공하기 위해서 그는 푸아투식 몸짓과 말투를 사용해 수난극을 공연하기로 했었다네."[35)]

바셰 영주가 15세기 프랑스의 전설적인 도둑 시인 프랑수아 비용의 일화를 들려준 이유는 그가 배우들이 입을 의상을 빌려주기를 거부했던 프란체스코 수도회의 성기실 관리인에게 배우들을 동원해 무자비하게 복수했다는 이야기를 거울삼아 첫 번째 연습공연을 성공적으로 마친 마을 사람들에게 이처럼 "비극으로 끝나는 소극(笑劇)"[36)]을 앞으로도 멋지게 공연하도록 격려하기 위한 것이었으므로 이 일화는 전형적인 예화로서의 기능을 갖는다. 이어서 14장과 15장에서는 다른 시카누들이 찾아왔다가 똑같은 식으로 봉변을 당하고 쫓겨 가는 이야기가 계속된다. 그리고 16장 "장 수도사가 어떻게 시카누들의 천성을 시험했는가"에 이르게 되면 바셰 영주의 일화가 끝나고, 다시 기본 줄거리 차원의 인물들의 대화로 되돌아가서 이 에피소드에 관하여 서로 의견을 나누는 것을 볼 수 있다.

"이 이야기는 (팡타그뤼엘이 말했다) 우리가 눈앞에 항상 하느님께 대한 외경심을 지닐 필요가 없다면, 재미있는 것이라고 할 수 있겠군."

- 그들의 새 장갑 세례가 (에피스테몽이 말했다) 뚱보 수도원장에게 떨어졌더라면 더

---

35) 위의 책, 106쪽.

36) 위의 책, 109쪽.

좋았을 텐데요. 그는 한편으로는 바셰를 화나게 하고 한편으로는 그가 고용한 시카누들이 매 맞는 것을 보기 위해서 심심풀이로 돈을 쓰는 것이니까요. 요즈음 우리가 보게 되는 보좌 재판관들끼리 느릅나무 아래서 벌이는 큰 소동처럼, 그 주먹질이 수도원장의 빽빽 깎은 대가리 둘레를 멋지게 장식할 수 있었을 테니까요. 이 불쌍한 악마 같은 시카누들이 무슨 잘못을 저질렀단 말입니까?

– 이 문제와 관련해서 (팡타그뤼엘이 말했다) 루키우스 네라티우스라는 옛 로마의 귀족에 관한 이야기가 기억나는군. (...)

– 성 베네딕트의 신성한 술통을 걸고, (장 수도사가 말했다) 이제 진실을 알아보지요.

그러고는 그는 땅바닥에 내려서서 돈주머니 속에 손을 집어넣고 태양 금화 스무 닢을 꺼냈다. 그런 다음 그곳에 있던 많은 수의 시카누 족속들이 듣고 있는 가운데 큰소리로 말했다.

"지독하게 매를 맞고 금화 스무 닢을 벌고 싶은 사람 누구 있느냐?

– 저요, 저요, 저요! (모두가 대답했다) 나리, 당신께서는 우리를 때려 뻗게 만들겠지요. 그것은 분명한 일입니다. 그래도 좋은 돈벌이가 되니까요."

그러고는 누가 그렇게 비싼 값에 제일 먼저 매를 맞을지 앞자리를 차지하려고 떼거리로 몰려들었다."[37)]

팡타그뤼엘이 간단한 역사적 사례를 덧붙이는 것으로 이 에피소드와 관련된 대화는 끝이 나는데, 그 다음에는 장 수도사가 행동에 나서서 그곳에 모여 있던 무리 중에서 코가 붉은 시카누를 골라 몽둥이로 힘껏 두들겨 패고 나서 돈을 주는 것으로 그들의 천성을 시험해보는 사건 차원

---

37) 위의 책, 119-120쪽

의 이야기가 이어진다.

이와 같이 팡타그뤼엘 연작의 『제3서』 이후에 집중적으로 늘어나는 단편적 일화들은 독립된 하나의 이야기가 삽입되는 것으로 끝나는 대신에 작중인물들의 대화 속에서 일종의 이야기 그룹이 만들어지고 그 속에서 각자 돌아가며 대화의 주제와 관련된 일화들을 들려주는 식으로 진행된다. 그리고 이차적 이야기가 끝난 다음에는 그 에피소드에 관해서 서로 의견을 나누다가 다시 사건 차원의 기본 줄거리로 되돌아가는 것이 기존의 단편집들과는 다른 새로운 변화이다. 자신이 쓰고자 하는 작품의 모델로 당시 유행하던 단편집들을 참고하면서도 단편집과는 다른 이야기의 구성 방식을 소설에 적용한 것은 장편과 단편 사이의 경계를 허물고 소설의 글쓰기 방식의 새로운 가능성을 보여준다는 점에서 라블레의 독창적 시도로 평가할 만하다.

3) 환상적 여행기

라블레 소설의 세 번째 모델로 꼽을 수 있는 환상적 여행기의 원조 역시 루키아노스로 알려져 있다. 『팡타그뤼엘』에서 거인 입속의 세계를 알코프리바스가 탐험하는 이야기는 루키아노스의 『진실한 이야기』에 나오는 고래 뱃속의 세계에서 착안했던 것으로 보이고 『제4서』의 마크레옹 사람들의 섬에 있는 신령과 영웅들의 거처에 관한 이야기도 루키아노스에서 세상을 떠난 영웅들이 사는 행복한 사람들의 섬 에피소드와 내용이 비슷하다. 이 밖에도 등불 도시 이야기를 『제5서』의 등불나라와 관련된 에피소드의 원형으로 볼 수 있을 것이고, 라블레가 『팡타그뤼엘』의 에필로그에서 예고했던 달나라 여행 역시 루키아노스 작품에서 이미 다루어졌던 소재이다. 루키아노스의 『진실한 이야기』가 작가 자신이 처음부터 거짓말이라고 밝힌 환상적 모험 이야기로 일관하는 것에 비해서 『제4서』의 여행기에 나오는 환상의 섬들은 일종의 알레고리로서 현실세계의 모습을 상징적으로 재현해놓은 경우가 대부분이다. 그렇기 때문에 팡타그뤼엘 일행은 그들이 목격하는 신기한 풍물이나 기이한 제도, 생활관습 등에 대해서 놀라거나 감탄하기만 하는 것이 아니라 그것이 무엇을 의미하는지를 밝히는 데 관심을 가지게 되는 것이다.

동 시대의 작품들 중에서 라블레가 에피소드를 차용한 환상적 여행기로는 우선 작자 미상의 대중소설 『팡타그뤼엘의 제자』(*Le Disciple de Pantagruel*)가 있고, 엄밀한 의미에서 여행기는 아니지만 주인공이 꿈속에서 사랑하는 여인을 찾아다니는 여정을 그린 일종의 몽유록(夢遊錄)이라 할 수 있는 이탈리아 작가 프란체스코 콜로나의 『폴리필의 꿈』(*Le Songe de Poliphile*)의 영향도 확인할 수 있다. 『제4서』에 나오는 풍차를 먹는 거인 브랭그나리유의 죽음과 앙두이유들과의 전쟁, 『제5서』의 등불나라 이야기, 쇠로 된 연장과 칼이 열리는 나무들이 자라는 페르망 섬의 에피소드는 『팡타그뤼엘의 제자』에서 차용한 것이고, 『제5서』에 나오는 캥트 여왕의 무도회와 신성한 술병의 신탁소에 관한 묘사는 『폴리필의 꿈』과 비슷한 부분이 많다.

루키아노스에게서 착안한 에피소드들은 굳이 차용이라고 부를 필요가 없을 만큼 사건의 전개나 구체적 내용에서는 겹치는 부분이 많지 않다. 상황 설정이나 등장인물들, 사건의 성격 등 에피소드의 구상 차원에서 루키아노스의 영향을 유추해볼 수는 있지만, 세부적으로는 연관성을 직접 확인할 수 있는 부분들이 거의 없기 때문이다. 루키아노스에 나오는 고래 뱃속의 세계와 팡타그뤼엘 입속의 세계를 비교해보면, 고래 뱃속에는 여러 난파선들의 잔해와 함께 가운데쯤에 땅과 언덕이 있고 그 위에는 숲과 온갖 나무들이 자라고 경작된 듯이 보이는 채소들도 돋아 있는데 그 땅의 둘레는 2백40 스타디온(약 43 킬로미터)이라고 되어 있다.[38] 제일 큰 고래가 1천5백 스타디온(약 270 킬로미터) 정도라고 하니 그 크기가 어마어마하기는 하지만 라블레와는 규모면에서 비교가 되지 않는다. 팡타그뤼엘의 입속의 세계에는 큰 들판과 큰 숲들, 리옹이나 푸아티에보다 작지 않은 큰 도시들, 사막과 내포(內浦), 25개 이상의 왕국이 있기 때문이다. 그리고 루키아노스에서는 물고기 모양을 한 괴상한 종족들과 난파선의 선원들 사이에서 벌어지는 전쟁을 중심으로 이야기가 진행되는 것에 비해서 라블레의 경우는 팡타그뤼엘의 입속에 있는 새로운 세계를 탐험하고 그것을 우리가 사는 세상과 비교해보는 데 초점이 맞추어져 있으므로 관심의 대상이 전혀 다르다는 것을 알 수 있다.

루키아노스에서는 죽은 영웅들이 사는 행복한 사람들의 섬의 에피소드가 상당히 중요한 사건으로 화자는 호메로스와 대화를 나누기도 하고 그가 목격한 여러 인물들에 관한 설명을 차례대로 늘어놓는 것에 비해서, 라블레 작품에서는 이 에피소드가 『팡타그뤼엘』에서 목이 잘린 에피스

38) 루키아노스, 앞의 책, 38쪽.

테몽이 소생하기 전에 지옥을 방문해 죽은 자들이 현세에서와 정반대의 방식으로 살아가는 모습에 관해서 보고하는 장면과 『제4서』에서 마크레옹 섬에 있는 죽은 영웅들의 거처에 관해서 섬의 지배자인 늙은 마크로브가 팡타그뤼엘 일행에게 설명해주는 장면 두 군데로 나뉘는데다가 작가가 이 에피소드들을 쓸 때 루키아노스를 염두에 두었으리라는 것을 짐작하기에는 충분할 정도이기는 하지만 구체적인 내용에서는 일치하는 부분이 많지 않다.

루키아노스에서 달나라 여행을 마치고 지상으로 내려오는 중간지점에서 여행자들이 들렀던 등불 도시의 에피소드 역시 라블레에게 등들이 모여 사는 나라에 관한 이야기를 쓰게 만든 동기가 될 수는 있었겠지만, 팡타그뤼엘 일행이 신성한 술병의 신탁소로 안내해줄 등을 구하기 위해서 이곳을 방문한 것과는 달리 사건의 전체적 진행과는 별 상관없는 단편적 에피소드로 끝날 뿐이다. 오히려 『팡타그뤼엘의 제자』에 나오는 등불나라의 에피소드가 구체적인 내용에서 연관성이 더 많다고 볼 수 있다.

『팡타그뤼엘의 제자』 또는 판본에 따라 『파뉘르주의 항해』(*Les Navigations de Panurge*)라는 제목이 붙어 있기도 한 문제의 여행기는 라블레 소설의 유행에 영향을 받아 그의 제자로 파뉘르주를 주인공으로 등장시킨 새로운 모험담으로서 작자 미상의 작품이다. 지금 남아 있는 판본들 중에서 가장 오래된 것은 1538년에 출판되어 『제3서』보다 먼저 씌어진 것이 확실하므로,[39] 라블레가 『제4서』를 집필할 때 『팡타그뤼엘의 제

39) *Le Disciple de Pantagruel (Les Navigations de Panurge)*, Edition critique publiée par Guy Demerson

자』의 에피소드들을 차용하는 것이 가능했던 것이다.

『팡타그뤼엘의 제자』의 작가는 라블레 소설을 잘 아는데다가 의식적으로 그 발상이나 스타일이 비슷한 작품을 써보려고 작정하고 팡타그뤼엘의 심복인 파뉘르주를 주인공으로 내세운 것이므로 전체적으로 상당히 비슷한 분위기로 이야기가 전개된다. 또한 환상적 여행기의 원조격인 루키아노스의 『진실한 이야기』의 영향도 눈에 띄는데, 주인공 겸 화자의 일인칭 서술로 이야기를 진행하는 것에서부터 우유가 흐르는 강과 버터로 된 산이 있는 섬의 에피소드 같은 것이 그런 예라 할 수 있다.

라블레가 『팡타그뤼엘의 제자』에서 차용한 주요 에피소드들이 『제4서』에서 어떻게 변형되는지를 살펴보면 두 작품의 수준 차이가 확연히 드러난다. 『팡타그뤼엘의 제자』에서는 4장에서 9장까지의 브랭그나리유의 에피소드가 가장 길이도 길고 중요한 에피소드라 할 수 있다. 노아의 방주를 몰고 다니는 엄청난 거인인 브랭그나리유는 식사 때마다 5십만 명의 사람들을 잡아먹는 식인종이라는 황당한 이야기로 시작된다. 문제의 거인은 절인 청어를 실은 배를 선원들과 함께 통째로 삼킨 다음 갈증을 달래기 위해서 포도주를 실은 배도 마찬가지로 삼켜버리는데, 배의 닻들 때문에 소화 불량으로 고생하다가 굴뚝소제부가 뱃속으로 들어가 그것들을 치워 주는 의사 노릇을 했다는 이야기, 삼킨 달걀들이 뱃속에서 부화해서 많은 닭들이 시끄럽게 울어대는 바람에 고생하다가 여우를 한 마리 집어넣어 그것들을 잡아먹게 해서 해결했다는 이야기, 포르투

---

et Christiane Lauvergnat-Gagnière, Nizet, 1982, 60쪽. (이 책은 1538년판을 대본으로 한 주석본이다).

갈 군함과 함께 삼켜져 뱃속에서 날뛰는 원숭이들을 굴뚝소제부가 채찍으로 몰아낸 이야기 등 거인이 삼킨 동물이나 물건들 때문에 곤욕을 치르는 이야기가 주종을 이룬다. 그리고 브랭그나리유의 죽음이 풍차와 관련되는 것은 라블레 작품에서와 마찬가지지만 그 과정은 전혀 다르게 진행된다. 어느 날 해변에서 거인을 보고 시끄럽게 짖어대는 개를 홧김에 방앗간 주인과 풍차와 함께 삼켜버리는데, 그의 뱃속에서도 곡식을 빻던 풍차가 곡식이 다 떨어지고 나서도 계속 돌다 보니 맷돌이 과열되어 불이 나는 바람에 거인이 열병에 걸려 죽고 말았다는 것이다. 다음 9장에는 거인이 타 죽은 자리에 기름이 땅속으로 스며들어가 비옥해진 땅에서 매년 천 개도 넘는 작은 풍차들이 생겨났다는 후일담이 나온다. 작은 풍차를 가져다 심으면 큰 풍차로 자라기 때문에 찾는 사람들이 많아 땅 주인은 풍차들을 팔아서 큰돈을 벌었다는 이야기이다.

『팡타그뤼엘의 제자』에서 브랭그나리유가 풍차를 잘못 먹었다가 죽는 것과는 달리 『제4서』에서는 평소에 먹던 풍차가 떨어져서 대신 프라이팬과 솥 같은 것들을 먹었다가 소화불량으로 심한 병에 걸린 것이 원인이 되어 죽는 것으로 되어 있다.

"그를 치료하기 위해서 의사들은 각자 기술에 따라 여러 가지 치료법을 사용했다. 그렇지만 병이 치료법보다 훨씬 위력이 강했던 것이다. 그래서 고귀한 브랭그나리유는 이날 아침 아이스퀼로스의 죽음에 대해서보다 여러분이 더 놀랄 만한 기이한 방식으로 세상을 떠나고 말았다. (...)

선량한 브랭그나리유는 (슬프도다!) 의사들의 처방에 따라 아궁이에 신선한 버터 한 조각을 바른 뜨거운 화덕을 먹다가 숨이 막혀서 죽고 말았던 것이다."[40)]

평소에 풍차를 통째로 먹는 데 익숙해져 있던 거인이 어처구니없게도 그것과는 비교도 안될 만큼 작은 버터 한 조각을 아궁이에 바른 뜨거운 화덕을 삼키지 못하고 질식해 죽었다는 것이다. 거인의 죽음의 원인만 놓고 보더라도 원작과는 완전히 다른 발상으로 상식적 논리를 뛰어넘는 황당한 희극적 상황을 더욱 효과적으로 부각시킨 것이다. 『팡타그뤼엘의 제자』에 비해서 『제4서』에서는 거인의 테마와 대중문학 작품에 어울릴 만한 에피소드들이 대폭 축소되고 반면에 브랭그나리유의 죽음을 계기로 기이한 죽음에 관한 여러 역사적 사례들에 대한 화자의 설명이 길게 이어지는데, 이 같은 변화는 차용된 에피소드를 원작에 충실하게 발전시키는 대신 화자의 사설을 풀어나갈 기회로 삼는 발상의 전환을 보여주는 것으로서 문학적 차용에 대한 작가의 보다 성숙해진 수용 방식을 확인할 수 있게 해준다. 그리고 닭들과 여우가 브랭그나리유의 뱃속에서 벌였던 소동에 관한 이야기는 한참 뒤에 44장 뤼아크 섬의 에피소드에서 별도로 다루어지는 것을 볼 수 있다.

"- 메자림 선생들의 권유에 따라 (행정장관이 대답했다) 우리는 그가 보통 이곳에 찾아오는 계절에 풍차들 속에 많은 수탉과 암탉들을 넣어두었지요. 그것들을 처음 삼켰을 때는 그가 죽을 뻔했답니다. 왜냐하면 그것들이 몸속에서 노래를 불러대고 위장 사이를 날아다니는 바람에 마치 뱀이 입을 통해 위장 속으로 들어가기라도 한 것처럼, 그가 심장 발작을

---

40) 라블레, 『팡타그뤼엘 제4서』, 123-126쪽.

일으켜 통증과 끔찍하고 위험한 경련으로 졸도해 쓰러져버렸으니까요. (...)

- 더군다나 (행정장관이 말했다) 이 나라의 모든 여우들이 그의 아가리 속으로 들어가 암탉들을 쫓아다녔기 때문에 만일 멍청한 마법사의 충고대로 그가 발작을 일으켰을 때 해독제와 중화제 삼아 여우 껍질을 벗기지 않았더라면 언제든지 세상을 하직할 수도 있었을 겁니다.

"그 후에 그는 더 좋은 조언을 받게 되었는데, 그것은 밀과 조 낟알로 만든 탕약을 관장약으로 사용해서 치료하는 것이었습니다. 그것에 암탉들이 몰려들고, 함께 넣은 거위간에 여우들이 달려들었지요. 그래서 그는 사냥개와 땅개들로 제조한 환약을 같이 복용하고 있지요. 이것이 우리들의 불행이랍니다."[41]

닭과 여우, 사냥개들이 쫓고 쫓기는 추격전을 벌이는 모습이 실감나게 그려지고, 여기에 라블레는 의사 작가답게 심장 발작, 통증, 경련 같은 의학용어들과 해독제, 중화제, 탕약, 관장약, 환약 등 약 이름과 치료법을 열거해가며 황당한 이야기에 매우 사실적인 상세한 설명을 곁들인다. 원작에 비해서 에피소드의 길이는 많이 줄어들었지만 작가 특유의 기발한 상상력이 유감없이 발휘되어 이야기의 흥취를 돋우고 있는 것이다.

브랭그나리유의 죽음과는 정반대로 앙두이유들과의 전쟁은 『제4서』에서 다른 테마와 부수적 이야기들이 추가되어 원작보다 훨씬 길고 내용도 풍부하게 확대 재편된다. 이 에피소드는 원래 『팡타그뤼엘의 제자』에서 파루슈인들의 바다를 항해하던 중에 바다 밑 동굴에 사는 쥐처럼 털투성이인 이들 종족의 습격을 받은 사건(10-11장)과 여행자들이 튀크바

41) 위의 책, 225-226쪽.

랄리도 섬에 상륙해서 앙두이유들의 공격을 격퇴하는 사건(12-13장)으로 나뉘어져 있던 것인데, 『제4서』에 와서 앙두이유들이 사는 파루슈 섬에서 벌어지는 전쟁을 중심으로 이와 관련된 여러 이야기들이 결합되어 35장에서 42장에 이르는 긴 에피소드를 이루게 된 것이다. 간단하게 줄거리 위주로 사건을 서술한 원작과는 달리 『제4서』에서는 전투 장면 자체보다 오히려 앙두이유 전쟁에서 파생된 다른 주변적 화제들로 이야기가 확대되는 것을 볼 수 있다. 팡타그뤼엘이 순대를 대패질한다는 뜻의 리플앙두이유(Riflandouille)와 큰 순대를 자른다는 뜻의 타이유부댕(Tailleboudin)이라는 이름을 가진 대장들에게 전투 지휘를 맡긴 것을 두고 전시의 위급한 상황임에도 불구하고 등장인물들이 모여서 장소와 인물들의 이름을 해석하는 방법에 관한 논의를 전개하는가 하면(37장), 화자가 나서서 앙두이유가 멸시를 받아서는 안 되는 이유를 역사적 사례를 들어 설명하고(38장), 장 수도사는 음식물과의 전쟁이므로 요리사들을 전투에 동원한다는 이야기가 나오고(39장), 그 다음으로 트로이아의 목마를 연상시키는 암퇘지 모양의 거대한 전투 병기 속에 들어간 요리사들의 이름의 수직적 목록(40장)이 길게 삽입되면서 사건의 진행이 계속 지연되는 것이다. 전체 에피소드 중에서 정작 앙두이유들과의 전쟁 이야기는 시작 부분에 해당하는 35장과 36장, 그리고 41장에 전쟁의 결말이 서술되어 있는 것이 전부이다. 마지막 42장에서는 전쟁의 후속 조치에 관한 앙두이유들의 여왕 니플레세트와의 담판과 후일담으로 에피소드를 마무리짓게 된다. 그리고 이 에피소드는 작품의 전체 구조 속에서 앞에 나왔던 사순절을 상징하는 카렘프르낭과 앙두이유들이 앙숙 관계에 관해서 그제노만이 사전 설명을 했던 것과 같이 넓은 의미에서 육체적 본능의 충족과 현세적 삶에서의 행복의 추구라는 팡타그뤼엘리슴의 기본 입장과 가톨릭교회의 교리와 인위적 관습, 제도 사이의 괴리와 갈등이라는 라블레 작품의 전반적 주제와 연결되므로 원작에서처럼 일회적 에피소드로 끝나지 않는다.

등불나라에 관한 에피소드 역시 『팡타그뤼엘의 제자』가 원형이라 할 수 있겠지만 내용면에서 그 영향은 제한적이다. 여왕 임석 하에 등불나라에서 열린 성대한 연회에 파뉘르주 일행이 초대를 받아 참석하는데 그들이 그곳에서 목격한 대로 신분에 따라 달라지는 등(燈)들의 복장, 식사에 제공되는 음식들에 대한 묘사가 이어지고, 그 다음에 열리는 무도회 장면에서는 『제5서』에 15개밖에 나오지 않는 춤의 종류가 176개나 열거되면서 대중문학 작품에서는 보기 힘든 긴 수직 목록이 삽입되어 있다는 것과 등 하나가 너무 높이 도약하는 바람에 머리를 천정에 들이박고 매달리는 사고가 있었다는 일화가 추가된 것이 관심을 가질 만한 부분들이다. 이에 비해서 『제5서』에서 팡타그뤼엘 일행이 등불나라를 방문한 에피소드에서는 신분에 따른 등들의 옷차림과 저녁식사에 크고 작은 초들이 제공된다는 이야기가 나올 뿐이다. 그들이 등불나라를 방문한 목적이 신성한 술병의 신탁소로 안내해줄 등을 구하기 위한 것이었던 만큼 원하던 등을 찾은 다음에는 곧바로 그곳을 떠나는 것으로 이야기가 끝나기 때문이다. 그 대신 『팡타그뤼엘의 제자』에 나오는 무도회 장면은 『제5서』에서는 캥트 에상스의 왕국에 관한 에피소드에서 식사 후 여왕의 방에서 추는 춤(20장)과 체스 시합 방식의 무도회(23~24장) 두 번으로 나뉘어 다루어진다. 춤추는 장면이 같은 에피소드에서 두 번 나오는 것이 조금 어색해 보이는데, 춤과 관련된 출처가 다른 두 이야기를 하나의 에피소드 속에 집어넣기 위한 궁여지책이 아닐까 하는 추측이 가능하다. 이 같은 현상은 『제5서』가 적어도 부분적으로는 서로 다른 텍스트들의 편집 작업에 의해 제작되었을 것이라는 가설을 뒷받침하는 중요한 근거가 될 수 있는 것이다.

『팡타그뤼엘의 제자』 18장부터 27장까지는 풍요와 행복의 섬들(des isles fortunées & heureuses)에 관한 일련의 에피소드들이 나온다. 일하지 않아도 사람들이 필요로 하는 음식과 물건들을 스스로 알아서 생산해주는 자연의 혜택을 마음껏 누리는 일종의 이상향이라 할 수 있는 곳이다. 버터의 산, 우유와 포도주가 흐르는 강, 순대와 소시지, 고기 파이, 온갖 종류의 치즈 같은 음식들이 열리는 나무, 금화가 잔뜩 든 열매가 달린 나무, 새들이 구워진 채로 공중에서 떨어져 내린다든지 집채만 한 크기의 호박을 집 삼아 사람들이 살기도 하고, 늙어 죽을 때는 포도주가 가득 담긴 통 속에 들어가 고통 없이 죽음을 맞이한다는 등, 일일이 열거하기 힘들 정도로 꿈같은 이야기들이 끝없이 계속된다. 당시 사람들이 꿈꾸던 물질적 풍요를 마음껏 누릴 수 있는 이상향(le pays de Cocagne)과 관련된 에피소드들을 선별하지 않고 한데 모아 놓은 것처럼 보인다.[42] 사실 한 작가의 작품이라기보다는 여러 출처에서 수집한 자료들을 편집자가 정리해 출판한 것으로 추정되는 책이 『팡타그뤼엘의 제자』이다 보니

42) Guy Demerson, "L'Utopie populaire de Cocagne et *le Disciple de Pantagruel*", *Bulletin de l'Association d'études sur l'humanisme, la réforme et la Renaissance*, 제11집, 1980, 76쪽.

이처럼 비슷한 에피소드들이 계속 중첩되는 현상이 나타나게 된 것이다.

이상향에 관한 에피소드들 중에는 『제5서』 9장에 나오는 철제 연장들이 열리는 나무들이 자라는 페르망 섬의 에피소드처럼 칼들이 자라는 나무들 이야기도 들어 있다. 나무에서 여러 종류의 칼들이 자라는 모습을 묘사한 간단한 에피소드에 불과한 것으로 그 자체로는 전혀 관심의 대상이 될 수 없는 것이지만, 『제5서』와 비교해보면 원작과 라블레 소설 사이의 수준차를 바로 확인할 수 있다. 우선 『팡타그뤼엘의 제자』에서는 칼 종류만 몇 가지 열거되었던 것에 비해서 철로 만든 농기구와 칼 종류로 나누어 훨씬 자세한 목록이 나오고, 칼이 떨어질 때 밑에서 자라는 칼집 속으로 바로 들어간다거나 여러 종류의 창촉과 날들이 열린 나무들 밑에 막대기 모양의 풀이 자라서 나무에 닿게 되면 제대로 모양을 갖춘 창이 만들어진다는 이야기는 원작에 없던 새롭고 창의적인 착상이다. 게다가 이 이야기 다음에는 플라톤, 아낙사고라스, 데모크리토스를 언급하면서 나무들도 동물들과 같은 종류의 신체 기관들을 가지고 있다는 주장에 대한 화자의 보충 설명이 길게 이어지는 것을 볼 수 있다. 테오프라스토스의 이론에 의거해서 사람이 물구나무를 선 것과 같은 모습으로 동물들의 머리에 해당하는 것이 아래쪽에 있는 줄기이고, 머리카락은 땅속에 있는 뿌리, 발은 위쪽에 난 가지와 같다는 것이다. 이 이론에 따라 페르망 섬에서 일어나는 신기한 현상에 대해서 "나무들은 뿌리나 꽁지에 들어 있는 수지(樹脂)와 고갱이에 의해서 어떤 종류의 자루가 밑에서 자라고 있는지를 미리 느끼고 적당한 창의 촉과 날을 그것에 맞게 미리 준비하기"[43]

43) Rabelais, *Le Cinquiesme Livre*, 앞의 책, 747쪽.

때문이라는 설명이 곁들여진다. 이 에피소드의 처리 방식은 『제5서』의 진위 여부와 관련해서 정통성의 주장에 유리한 근거로 내세워도 손색이 없을 만큼 초보적인 수준의 원작을 훨씬 뛰어넘는 것이고, 특히 이 에피소드를 마무리짓는 화자의 사설은 대가의 솜씨다운 기지 넘치는 발상과 표현력을 갖춘 것으로 여겨진다.

"모든 일에서 (하느님을 제외하고는) 가끔 실수가 벌어지는 것은 사실이다. 대자연도 예외는 아니어서 괴물들과 기형적 동물들을 만들어내기도 한다. 마찬가지로 이 나무들에서도 실수를 발견할 수 있었는데, 이 철물들이 열린 나무들 밑에서 허공을 향하여 자라던 짧은 창이 나뭇가지에 닿았을 때 창촉 대신 빗자루와 만난 것이었다. 굴뚝 소제를 하기에는 제격일 것이다. 가벼운 미늘창은 큰 가위와 만나기도 했다. 모두가 잘된 일이고, 정원의 송충이를 없애는 데 쓰면 될 것이다 미늘창의 자루가 큰 낫과 만나 자웅동체처럼 보였는데, 하나로 합쳐진 것이다. 풀 베는 농부들에게 쓸모가 있을 것이다. 하느님을 믿는다는 것은 얼마나 멋진 일인가!"[44)]

설령 라블레의 창작이 아니라 하더라도 이 정도의 창의력과 표현력을 갖춘 작가의 작품을 16세기 문학에서 찾는다는 것이 거의 불가능하기 때문에 『제5서』의 존재는 사실상 인정할 수밖에 없는 것이 사실이다. 그런데 한편으로는 이 문단 바로 다음에 나오는 마지막 문장이 "무엇인지 알 수 없는(je ne scay quel)"이라는 표현을 계속 반복하는, 너무나 억지스럽게 여겨지는 말장난으로 일관한 것이어서 라블레가 이런 글을 썼으리

44) 위의 책.

라고는 믿기 어려울 정도이다.[45] 물론 희극적 효과를 기대하고 말장난을 한 것이겠으나, 이같이 억지로 짜 맞춘 인상을 주는 글쓰기로는 독자의 자발적인 웃음을 이끌어낼 수 없고 오히려 짜증스럽게 만들기 십상이다. 글로제르(Glauser)가 지적하는 "억지로 만들어낸 유머"[46]의 전형적 예라 할 수 있다. 기상천외의 상상력에 거칠 것 없는 자유로움과 활달함을 마음껏 펼쳐 보이는 라블레의 희극적 글쓰기 방식과 비교해보면 그 수준 차가 너무도 분명해보인다. 과연 어느 부분이 라블레의 것이고 어느 부분이 그렇지 않은 것인지 분간하기 힘들 때가 종종 있다는 것이 『제5서』의 약점이자 한계인 것은 부인할 수 없는 사실이다.

글로제르는 『제5서』의 진위 문제와 관련해서 『폴리필의 꿈』에서 차용된 에피소드들의 문제점을 지적한다. 이 문제는 원래 『라블레의 언어』라는 기념비적 업적을 남긴 세네앙(Sainéan)이 제기했던 것인데, 라블레가 젊은 시절에 프란체스코 콜로나의 『폴리필의 꿈』을 읽고 나중에 자신의 작품에서 사용하려고 적어 두었던 메모를 작가 사후에 누군가가 『제5서』에 포함시켰고 이 같은 방식은 작가의 평소 창작 스타일과는 정반대라는 것이 그의 주장의 요지이다.[47] 글로제르는 세네앙의 판단을 원용해서 만일 라블레가 직접 『제5서』를 썼더라면 『폴리필의 꿈』의 해당 부분을 자신의 스타일에 맞게 변형하여 사용했을 것이고 원작의 번역을 그대

45) 『제5서』의 문제점에 관해서는 제3장 3부 '작가의 정체성 - 『제5서』의 진위문제'에서 자세히 다루기로 한다.

46) Alfred Glauser, *Le Faux Rabelais ou De l'inauthenticité du Cinquième Livre*, Nizet, 1975, 144쪽.

47) Lazare Sainéan, *La Langue de Rabelais* I, Slatkine Reprints, 1976, 457쪽 참조.

로 싣는다는 것은 상상할 수 없는 일이라고 주장하면서 『제5서』가 위작일 수밖에 없는 근거로 문제의 에피소드들을 내세운다.[48)]

『제5서』에서 프란체스코 콜로나의 『폴리필의 꿈』에서 차용한 대표적 에피소드들은 23장에서 24장까지 계속되는 체스 경기 방식으로 진행되는 무도회와 40장과 42장에 나오는 신성한 술병의 신탁소와 환상적 샘에 관한 묘사 부분이다. 『폴리필의 꿈』에서 금색과 은색 의상을 입은 32명의 처녀들과 각 진영에서 3명의 여악사가 연주를 맡는 것으로 여성들만 무도회에 참여하는 것과는 달리, 『제5서』에서는 32명의 젊은이, 각 진영에서 8명의 악사들이 성별 구분 없이 참여하는 것, 전투에서 왕비가 잡혀 경기장 밖으로 쫓겨나게 되면 님프들 중에서 새로운 왕비가 간택되어 그 역할을 대신한다는 경기 규칙 정도가 차이라 할 수 있고, 나머지는 두 작품 다 비슷한 방식으로 자세한 행마법의 설명과 함께 경기 진행 상황에 대한 묘사가 상세하게 곁들여지는데 『제5서』의 이야기가 훨씬 길고 내용도 더 구체적이다. 모두 세 판의 시합에서 처음 두 판은 은색 왕이 승리를 거두고 마지막 판은 금색 왕이 설욕하는 것으로 끝나는 경기 결과 역시 동일하다.

『폴리필의 꿈』 제1권 10장에 나오는 생명의 근원인 베누스 여신(Vénus physizoé)의 신전의 천정에 매달린 램프에 관한 묘사 역시 『제5서』의 신성한 술병의 신탁소가 있는 지하세계를 밝혀주는 램프와 비슷한 부분이 상당히 많다. 그렇지만 문제의 램프에 대한 묘사가 세네앙이나 글로제르가 주장하듯이 원작을 번역한 것 같이 그대로 옮긴 것은 분

48) Alfred Glauser, 앞의 책, 46쪽.

명히 아니다. '수정으로 만들어진 커다란 원형 램프를 고리에 걸어 사슬로 고정시킨 것, 요강이나 호박 같은 단지 모양의 램프, 연료로 사용되는 화주(火酒), 태양처럼 똑바로 쳐다보기 힘들 만큼 눈부신 밝은 빛, 보석들의 영롱한 광채, 비 온 다음 햇빛이 비칠 때 생기는 무지개의 현란한 색깔' 등 적어도 작가가 『폴리필의 꿈』을 읽고 쓴 것이라는 사실만은 부인할 수 없게끔 언급되는 대상들이나 묘사에 사용되는 어휘나 표현들이 상당부분 일치하기는 하지만 문장 구조나 세부 묘사 등을 비교해보더라도 그대로 번역한 것이라는 주장을 설득력을 잃을 수밖에 없다.[49)]

『제5서』 42장에 나오는 환상적 샘의 묘사 역시 『폴리필의 꿈』 제1권 23장에 나오는 베누스의 샘에 관한 에피소드에서 차용한 것이다. 샘 주위에는 일곱 개의 보석 기둥이 서 있고, 기둥의 기단과 기둥머리 등은 정련된 순금이고 기둥들 사이의 아치형 통로는 기둥과 같은 종류의 보석이라는 것, 기둥 상단에는 조각상이 얹혀 있거나 주조로 장식되어 있고, 둥근 지붕은 한 덩어리의 거대한 수정으로 되어 있는 것 등 전체적인 배치와 구조는 대체적으로 일치하지만, 보석의 종류나 장식된 행성의 형상이나 신상(神像) 등 세부적인 사항들에서는 차이가 많이 난다. 이렇게 차이가 나는 이유는 짐작하기 힘들지만, 어쨌든 번역하는 식으로 그대로 옮긴 것이 아니라는 사실만은 분명하다.

『제5서』뿐 아니라 『가르강튀아』 9장에서 상형문자에 관한 설명 가운

---

49) 『폴리필의 꿈』과 『제5서』의 차용 문제에 관해서는 졸고, "라블레 소설의 모델들(III) : 환상적 여행기", 『프랑스고전문학연구』 제18집, 2015, 111-117쪽을 참고할 것.

데 폴리필의 『사랑의 꿈』[50]이 언급되고 , 55장에 나오는 텔렘 수도원에 있는 실내 정원의 분수에 장식된 우아의 세 여신상에 관한 묘사 역시 『폴리필의 꿈』과 관련이 있는 것으로 설명되기도 한다.[51] 『폴리필의 꿈』에서 차용된 부분들은 『제5서』의 캥트 에상스 여왕의 궁전에서 열린 체스 시합 방식의 무도회 장면은 예외적으로 하나의 에피소드를 이루고 있지만, 대개 샘, 분수, 램프 같은 조형물이나 건물, 유적 등에 대한 세부 묘사와 관련된 것들이라 사건 중심의 에피소드들과는 달리 어느 부분에서 얼마만큼 차용한 것인지 정확히 구별해내거나 기억하기가 쉽지 않은 것이 사실이다. 『제5서』에 『폴리필의 꿈』의 몇몇 에피소드들이 번역된 상태로 그대로 실려 있다는 오해가 생긴 것도 이 같은 이유 때문일 것이다. 두 작품의 표현 하나하나를 일일이 대조해가며 확인하지 않은 채 기억에 남아 있는 대로 묘사 장면이 비슷했다는 전체적 인상만 가지고 성급하게 판단한 결과가 아닐까 싶다. 만일 『제5서』가 라블레가 쓴 작품이 확실했더라면 똑 같은 에피소드를 놓고도 훨씬 세심하게 주의를 기울여 그의 독창적 면모를 찾으려고 애썼을 것이고, 따라서 이런 식의 성급한 결론을 내리지는 않았을 것이다. 어쨌든 해당 에피소드들을 비교해보면 『제5서』의 저자나 편집자가 과거에 읽었던 책의 내용을 자세한 부분까지 기억할 만큼 기억력이 뛰어났던 것이 아니라면 『폴리필의 꿈』 번역판을 참고하면서 편집 작업을 했을 것으로 추측해볼 수 있겠는데, 원작의 내용에 어

50) 라블레, 『가르강튀아/팡타그뤼엘』, 61쪽.

51) 풍요의 뿔과 우아의 세 여신상이 같이 묘사된 점은 비슷하지만 나머지 세부 묘사에서는 일치하지 않는 부분이 많다.

떤 이유에서든 의도적으로 손을 댔던 것만은 분명해 보인다. 세부적 묘사가 바뀌는 것이 기억력 부족 탓이 아닌 것은 확실하기 때문이다.

결론적으로 라블레 작품, 특히 『제4서』와 『제5서』가 모델로 삼은 환상적 여행기들이 미친 영향은 상대적으로 제한된 것이라 할 수 있다. 팡타그뤼엘 일행이 방문하는 환상적 섬들에 만나는 주민들의 기이한 생활 관습이나 제도에 관해서 관심을 가지고 논의를 전개해나가는 것은 그것이 우리와 상관없는 이국적 풍물들이 아니라 당시의 사법제도, 교황의 세속적 권력, 가톨릭교회의 인위적 제도와 관행의 폐습 등 현실세계의 모순과 비리를 상징적으로 형상화한 알레고리들이기 때문이다. 비현실적 허구를 통해서 다시 우리의 현실과 마주하게 된다는 것, 이 때문에 라블레가 차용한 에피소드들은 환상적 모험의 일회적 사건으로 끝나지 않고 팡타그뤼엘 연작의 전체적 구도 속에 통합되어 원작과는 다른 깊이와 울림을 지니게 되는 것이다.

III. 이야기꾼 알코프리바스 - 새로운 글쓰기 방식

『팡타그뤼엘』의 서문에서 알코프리바스는 이 책이 "(그가) 시동 노릇을 끝낸 후부터 지금까지 고용되어 섬기고 있는 팡타그뤼엘님의 무시무시한 행적과 무훈에 관한 것이고, 그 분의 허락을 받아 아직 살아 있는 가족이 있는지 알아보러 고향땅을 찾아 왔다"[1]고 사관으로서의 자신의 임무와 현재의 상황에 관해서 밝히고 있다. 그리고 책 제목 다음에 부제를 달아 "알코프리바스 나지에 선생이 그의 무시무시한 행적과 무훈을 원상대로 복원한 책"[2]이라는 설명을 붙인다. 1532년에 처음 출판된 것으로 추정되는 『팡타그뤼엘』 원본[3]에는 작가 이름 프랑수아 라블레(François

1) 라블레, 앞의 책, 270-271쪽.

2) 위의 책, 265쪽.

3) 리옹의 인쇄업자 클로드 누리(Claude Nourry)가 출판한 책으로 발행일자가 빠져 있지만 1533년에 역시 리옹에서 프랑수아 쥐스트(François Juste)가 출판한 판본보다 먼저 나온 것으로 추정된다.

Rabelais) 대신 알코프리바스 나지에(Alcofrybas Nasier)라는 아나그람(anagramme)이 표지에 인쇄되어 있다. 아나그람은 알파벳 철자의 순서를 바꾸어 다른 말을 만드는 것으로 알코프리바스 나지에는 작가가 자신의 존재를 감추기 위해서 사용한 일종의 필명이다. 그 후 판본에 따라 여기에 여러 수식어가 추가되기도 하는데, 1537년판 이후에 고정적으로 사용되는 "제5원소의 추출자 고(故) 알코프리바스 선생"이 작가의 현실과는 가장 거리가 먼 허구적 신분이다. 작가의 실명을 짐작할 수 있도록 단서는 남겨 놓은 채 이미 오래전에 세상을 떠난 신비한 느낌을 주는 아랍의 연금술사로 자신의 신분을 위장한 것은 전설적 거인왕의 환상적 연대기라는 작품의 성격에 걸맞는 작중인물 겸 화자를 등장시키기 위한 작가의 포석이라 할 수 있다.

실제로 라블레 소설의 서술방식 전반에 걸쳐 알코프리바스라는 작중인물 겸 화자의 존재는 매우 중요한 변수로 작용한다. 그가 화자로서, 또는 인물로서 어떤 위치에서 어떤 역할을 하느냐에 따라 팡타그뤼엘 연작의 구성 방식, 그리고 텍스트 차원에서 화자와 인물, 독자의 관계가 크게 달라지기 때문이다. 알코프리바스는 『팡타그뤼엘』에서는 파뉘르주와 함께 면죄부를 사는 데 동행하며 대화를 나누기도 하고 딥소디 전쟁 동안에는 팡타그뤼엘 입속의 세계를 탐험하는 등 행동에 직접 나서는 작중인물로서의 역할을 담당한다. 『가르강튀아』에서도 아버지의 시대로 거슬러 올라가는 시대착오(anachronie)의 위험에도 불구하고 가르강튀아의 계보에 관한 책을 번역하고 사료를 찾아보는 등 사관으로서의 업무를 수행하는 모습을 보여준다. 또한 연대기 집필과 관련해서 소설 공간 밖에서 가상의 독자와 어떻게 쓸 것인가에 관한 대화를 나누는 화자로서의 역할도 매우 활발히 전개해나가는 것을 볼 수 있다. 그런데 12년의 공백 기간을 거친 후 발표된 『제3서』부터는 전작들과 달리 알코프리바스의 위상에 큰 변화가 나타난다. 『제3서』는 처음 출판 때부터 알코프리바스라는 필명 대신 "의학박사 프랑수아 라블레"로 작가의 이름이 표지에 인쇄되어 있었는데, 라블레는 자신의 신분을 밝히는 것과 함께 작품에 대한 구상에 있어서도 획기적인 전환을 시도하고 있다. 전설적 거인왕의 환상적 연대기를 통해서 이미 당대의 정치, 사회, 문화, 종교 등 현실 문제에 관한 풍자와 비판을 시도했던 작가는 자신의 이름을 걸고 발표한 『제3서』부터는 보다 본격적으로 작가가 처해 있던 현실세계의 문제들에 관한 논의를 전개해나간다. 『제3서』에 나오는 파뉘르주의 결혼 문제와 관련된 일련의 문답은 당시 지식인 사회의 관심사 중의 하나였던 여성의 우열에 관한 논쟁에서 착안한 것으로 보이고, 『제4서』에서 팡타그뤼엘 일행이 방문하는 환상의 섬들에서 목격하게 되는 신기한 풍물, 기이한 제도와 생활 관습들 역시 현실세계의 모습을 알레고리를 통하여 상징적으로 재현해놓은 것이기 때문이다. 현실과는 동떨어진 과거의 이야기처럼 보이지만 기실은 작가가 처한 현실에 대한 지적 성찰과 비판정신을 작품 곳곳에서 확인할 수 있는 것이다.

1) 서문의 기능

근대소설 이후에는 작가가 서문을 쓰는 관행이 거의 사라졌지만 중세

문학에서는 서문이 붙지 않은 작품을 찾아보기 힘들 정도로 일반화된 현상이었다. 독자 또는 청중과의 직접적인 접촉을 중시하는 중세문학 작품에서 서문은 독자와의 첫 대면의 자리로서 개인적 친분 관계를 준비하는 데 꼭 필요한 절차로 여겨졌던 텍스트의 기본적 구성 요소였던 것이다. 서문에서 시작된 독자와의 대화를 통하여 구전적 서술상황이 자연스럽게 텍스트 속에 도입될 수 있기 때문이다.

라블레 소설에는 모두 서문이 붙어 있다. 책을 사서 읽는 새로운 독자층의 출현으로 인해서 16세기 르네상스 시대의 작가들은 중세문학과는 다른 차원에서 독자와의 관계 정립을 모색할 필요를 느끼고 있었던 것이 서문의 중요성을 다시금 인식하는 계기가 되었던 것으로 보인다. 서문은 16세기 문학에 와서 길이도 더 길어지고 내용도 단순한 수사의 차원을 넘어서 독자에게 작가의 입장을 밝히는 기회로써 그 기능이 더욱 강화된다. 문학적 기호나 가치관을 미리 알 수 없는 다수의 무명의 독자들을 상대로 작품을 쓰기 위해서는 독자가 호감을 가지고 작가가 원하는 방향으로 책을 읽도록 유도하는 데 필요한 독자와의 공감대를 형성하는 것이 무엇보다도 중요한 선결과제였을 것이다. 작가의 입장에서는 서문이 작품에 대한 이해를 높이고 독자를 자기편으로 만들기 위한 작가의 서술전략을 펴기에 가장 적합한 텍스트의 핵심적 부분이라 할 수 있다.

라블레 소설의 서문은 자신의 작품을 왜 읽어야 하는지, 또 어떻게 읽어야 하는지 등의 책 읽기와 관련된 문제를 본격적으로 제기하고 있다. 그리고 이 문제를 독자와 함께 대화를 나누며 풀어갈 수 있도록 모두가 참여할 수 있는 대화의 장을 텍스트 첫 머리에 마련해놓은 것이 바로 서문이기 때문에 그만큼 라블레 소설 전체에서 비중이 크고 중요한 역할을 담당하고 있는 것이다. 장터의 장사꾼처럼 허풍과 익살을 곁들여가며 독자를 술과 대화 속으로 이끌어가는 알코프리바스 특유의 입심과 교묘한 논리는 독자로 하여금 비판적 거리를 접고 열린 마음으로 팡타그뤼엘의 환상적 모험의 세계에 동참하게 만든다.

관례에 따라 작품의 효용적 가치를 주장하는 것은 당시 문학작품에서 서문의 주요한 기능 중의 하나이다. 『팡타그뤼엘』 서문에서 사냥감을 찾지 못한 영주들, 치통, 통풍, 매독으로 고생하는 환자들, 분만 중인 임산부 등 잠재적 독자층을 유형별로 나누어 구체적으로 열거하며 그들의 무료함이나 고통을 달래줄 수 있는 효과적인 방법으로 자신의 작품과 같은 종류의 책이라고 내세웠던 『가르강튀아 대연대기』의 내용을 상기하거나(영주들), 아픈 곳에 붙이거나(치통 환자), 남이 읽어주는 것을 듣는 것(통풍, 매독 환자, 임산부)이 최선의 치유책이라고 주장한다. 『가르강튀아』의 서문 앞에 붙인 10행시에서 웃음이 인간의 본성이라는 아리스토텔레스의 말을 인용하면서 라블레는 사람들 마음을 상하게 하고 괴롭히는 커다란 슬픔을 보고 있노라면 웃음에 관한 것 외에 다른 이야깃거리가 그의 관심을 끌 수 없었노라고 고백한 바 있다.[4] 그가 작가로서 작품을 쓰게 된 동기가 바로 당시 사람들이 일상적으로 겪고 있던 고통과 슬픔을 조금이라도 덜 수 있게 웃음을 선사하기 위해서라는 것이다. 실제로 라블레는 기회 있을 때마다 웃음의 치유 효과를 강조한다. 후원자였던 샤티용 추기경에게 바친 『제4서』의 헌사에는 의술을 행하는 일을 결투 또

4) 라블레, 『가르강튀아/팡타그뤼엘』, 14쪽.

는 세 명의 등장인물, 즉 병자와 의사, 그리고 질병이 공연하는 소극(笑劇)에 비유했던 히포크라테스의 말을 인용하면서 의사와 작가는 환자의 고통을 덜어주는 임무를 수행한다는 공통점이 있다는 주장이 나온다.

"그자들은 내가 고통 속에서 위안을 얻을 수 있도록 해주려고 병자들, 통풍 환자들, 불행한 자들을 위해서 쓰고 만들었던 이 책들을 그들에게서 앗아가 버렸다. 내가 만일 슬픔에 잠기거나 병에 걸린 사람들 모두를 돌볼 수 있었다면, 이런 책들을 세상에 내놓거나 인쇄할 필요가 없었을 것이다."[5)]

그의 책을 악의적으로 중상 모략하는 무리들에게 반박하기 위해서 썼던 이 글에서 밝히고 있듯이, 고통을 덜어주고 위안을 제공한다는 점에서는 환자를 치료하는 의사의 역할과 고통 받는 일반 대중에게 즐거움과 웃음을 선사하는 작가의 역할은 다를 바 없다는 것이 라블레의 생각이다. 단지 전자가 개인적 접촉을 통한 직접적 관계라면, 후자는 작품을 매개로 일반 대중을 상대하는 것이므로 작가의 활동 범위가 더 넓고 파급 효과도 더 크다고 볼 수 있다. 전쟁과 전염병, 가뭄 같은 재해뿐 아니라 기아와 빈곤처럼 일상적인 고통에 시달리며 하루하루 살아가는 것 자체가 불안정하고 힘겨울 수밖에 없었던 당시의 일반 대중들이 모처럼 재미있는 책을 접하는 기회에 웃음을 통하여 얻을 수 있었던 심리적 안정이나 질병의 예방과 치유 효과가 어쩌면 그리 수준이 높지 않았던 당시의 의술 못지않게 그들의 고통을 덜어주는 데 실질적인 도움이 될 수 있었을 것

5) 라블레, 『팡타그뤼엘 제4서』, 53쪽(1548년판 서문).

이라는 점을 감안한다면, 라블레의 주장을 결코 단순한 농담이나 빈말로 여길 수만은 없을 것이다.

라블레는 팡타그뤼엘 연작의 서문에서 "매우 고명하고 용감한 기사들, 귀인들, 그리고 다른 분들"(『팡타그뤼엘』), "고명한 술꾼, 그리고 고귀한 매독 환자 여러분"(『가르강튀아』)과 같이 대화의 상대로 특정한 부류의 독자들을 지정하는데, 이 같은 가상의 독자들의 자격 요건은 『제3서』에서 더 구체적으로 명시된다.

"내가 무슨 말을 했는지, 그리고 어떤 부류의 사람들을 초대하는지에 유의하라. 왜냐하면 (누구도 오해하지 않도록) 타렌테와 코센차 사람들만을 위해서 글을 썼다고 주장한 루킬리우스의 예를 따라 나는 선량한 사람들, 최고급 포도주를 마시는 술꾼들과 자유로운 통풍환자들, 여러분을 위해서 이 통에 구멍을 뚫은 것이기 때문이다. (...)

독실한 신자인 척하는 자들은 모두 과도한 술꾼이고 끌 수 없는 갈증과 채울 수 없는 식욕을 가진, 딱지 투성이의 매독환자들이기는 하지만, 더더군다나 안 된다. 왜냐고? 왜냐하면 그들은 선에 속한 것이 아니라 악에 속한 자들이고, 그들이 때로는 거지로 위장하더라도, 우리는 매일 하느님께 이 악에서 구해달라고 간청을 드리고 있기 때문이다."[6)]

『제3서』의 서문 첫 문장에서 언급했던 "선량한 사람들, 매우 유명한 술꾼들, 그리고 매우 고귀한 통풍 환자 여러분"에 위의 예문에서 보듯이 다른 자격 조건이 다시 추가된 것이다. 자신의 작품을 포도주통에 비유하면서, 이 통에 담긴 술을 마실 자격, 다시 말해서 이 책을 읽을 자격은 술꾼

6) 라블레, 『팡타그뤼엘 제3서』, 31-32쪽.

이나 매독 환자, 통풍 환자들이라고 해서 모두에게 해당되는 것이 아니라 그들 중에서 호의적으로 책을 읽어줄 수 있는 선량한 사람들에게만 주어지는 것이라고 그 대상을 제한하는 것을 볼 수 있다. 책을 출판할 때마다 소르본 신학부를 위시한 적대세력으로부터 끊임없이 비난과 음해에 시달리고 검열과 박해로 인해서 신변의 위협을 느껴야 했던 라블레로서는 그의 작품을 악의적으로 왜곡되게 해석해서 이단으로 몰아가려는 무리들에 맞서 자신의 결백과 정당성을 주장하기 위하여 서문에서 독자들에게 선입견을 갖지 말고 자유의사에 따라 선의를 가지고 자신의 작품을 읽어줄 것을 당부해야 할 만큼 절실한 현실적인 이유가 있었던 것이다.

"나는 그들 모두에게서 우리의 선조들이 팡타그뤼엘리슴이라고 부른 특수한 형태의 개인적 성향을 알아보았다. 그 덕분에 선하고 솔직하고 성실한 마음에서 나온 것이라는 사실을 알고 있는 일체의 것을 그들은 결코 나쁘게 해석하지 않을 것이다. 나는 그들이 일반적으로 선한 의지를 보답으로 간주하고 불가항력적인 일에 대해서는 괘념치 않는 것을 보았다.

이 문제를 처리하고 나서 내 통으로 다시 돌아왔다. 동료들이여, 이 포도주를 마셔라! 제군들, 잔을 가득 채워라! 좋지 않은 것 같으면 내버려두라. 나는 억지로 모욕을 주며 난폭하게 술친구 노릇을 강요하고 동료들에게 건배를 시키고, 더 고약하게는 잔을 단숨에 비우라고 강요하는 성가신 술꾼이 아니다. 선한 술꾼, 선한 통풍환자, 목마른 자들은 누구나 내 통을 찾아와 원하지 않으면 마시지 말고, 원한다면 그리고 술맛이 귀하의 취향에 맞는 것이면 솔직하게, 자유롭게, 과감하게 값을 치르지 말고 남김없이 마셔야 한다. 이것이 내가 정한 법령이다."[7)]

---

7) 위의 책, 29-30쪽.

라블레에게 있어서 팡타그뤼엘리슴[8]을 실천한다는 것은 팡타그뤼엘과 그의 동료들의 가치관, 그들의 생활방식에 동참하는 것을 의미한다. 이 예문에도 분명히 나와 있듯이, 팡타그뤼엘리슴 신봉자라면 작가가 선하고 솔직하고 성실한 마음으로 쓴 책이라는 사실이 분명한 이상 그것을 결코 나쁘게 해석해서는 안 되는 것이 너무도 당연한 일이다. 작가의 순수한 의도를 왜곡하고 있지도 않은 숨은 의미를 제멋대로 작품 속에서 끌어내어 그것을 근거로 작가를 핍박하는 적들의 정체를 밝히고 그들의 술책을 폭로하기 위해서 라블레는 자신의 작품을 읽을 독자들에게 그들과 같은 잘못을 저지르지 않으려면 어떻게 읽어야 하는지, 바람직한 독법에 대한 사전 안내를 서문에서 시행하려는 것이다.

『가르강튀아』의 서문에서 라블레는 특유의 모순어법으로 해석의 문제를 본격적으로 제기한다. 플라톤의 『향연』에서 알키비아데스가 그의 스승 소크라테스를 실레노스라는 이름의 우습고 하찮은 그림이 그려진 약재 상자[9]에 비유했던 대목을 언급하면서 사람을 겉모습으로 판단해서는 안 된다고 역설한다. 볼품없는 추한 몰골의 소크라테스가 그 내면에 초인

8) 팡타그뤼엘리슴은 초기에는 "언제나 훌륭한 식사를 하면서 평화와 기쁨을 누리고 건강하게 사는 것"(『팡타그뤼엘』, 483쪽)에서 후기에 가게 되면 "우연한 세상사에 초연한 일종의 정신적 쾌활함"(『제4서』, 24쪽)으로 그 정의가 바뀌는 것을 볼 수 있는데, 그것은 초기의 팡타그뤼엘리슴이 물질적 풍요와 육체적 만족을 통해 현세적 삶에서의 행복을 추구한다는 르네상스 시대에 널리 퍼져 있던 에피쿠로스적인 쾌락주의의 가치관을 반영한 것이라면, 후기 작품에서는 성년이 된 이후 팡타그뤼엘이 현자로 변모함에 따라 그의 언행이 일체의 본능적 성향에 좌우되지 않는 초월적 위치에서 세상사를 관조하는 지혜를 담게 되기 때문이다.

9) 약재 상자 겉면에 그려져 있던 실레노스의 모습에서 이런 이름이 유래했다고 하는데, 실레노스는 그리스 신화에 나오는 허리 윗부분은 사람이고 하반신은 말의 모양을 한 사티로스 족의 일원으로 디오니소스의 양부로 알려져 있다.

적인 지혜와 덕성을 감추고 있었듯이, 겉에 인쇄된 재미있는 책 제목만 보고서 그 내용이 웃기는 농담이나 거짓말뿐일 것이라고 지레짐작해서는 안 된다는 것이다. 그리고서 플라톤의 『국가』에 나오는 유명한 개의 비유를 드는데, 뼈 속에 들어 있는 얼마 안 되는 골수를 얻기 위해서 온 정성을 다해 그것을 물고 빨고 깨뜨려먹는 개를 본받아 자신의 책 속에서 "본질적인 골수"를 찾기 위하여 노력해야 한다는 것이다.

"개의 예를 따라 여러분도 추적에는 민첩하게, 대결에는 과감하게 이 기름지고 멋진 책들을 냄새 맡고, 느끼고 평가하는 것이 합당한 일이다. 그런 다음 주의 깊게 읽고 자주 사색하며, 이 독서로 인해 신중하고 현명해지리라는 확실한 기대를 가지고, 다시 말해서 피타고라스 파의 상징에 의거해서 말하자면, 뼈를 깨뜨리고 본질적인 골수를 빨아먹어야 한다. 왜냐하면 이 독서에서 여러분은 매우 다른 안목과 보다 심오한 사상을 발견할 것이고 그것이 당신에게 우리의 종교에 관한 것만큼이나 정치상황과 가정생활에 관해서도 지고의 신비와 무시무시한 비밀을 밝혀줄 것이기 때문이다."[10)]

주의 깊고 신중한 독서와 부단한 사색과 성찰을 통해서 겉모습과 다르게 숨겨져 있는 작품의 심오한 의미, 그 본질적 골수를 찾아내야 한다는 주장이다. 그렇지만 우리의 정치, 종교와 사회 일반에 관한 "지고의 신비와 무시무시한 비밀"이 밝혀질 것이라는 주장은 허풍이 섞인 과장인 것이 분명하므로 그 진의를 곧이곧대로 믿을 수도 없는 일이다. 게다가 이 같은 권고는 바로 다음 문단에서 작가 자신에 의해서 즉각적으로 부정되

---

10) 라블레, 『가르강튀아/팡타그뤼엘』, 18쪽.

는 논리적 모순에 직면하게 된다.

"여러분은 진정으로 예전에 호메로스가 『일리아스』와 『오디세이아』를 썼을 때 플루타르코스와 헤라클리데스 폰티쿠스, 에우스타티우스, 코르누투스가 그것에 관해서 잔뜩 쑤셔 넣었고, 이들로부터 폴리치아노가 가로챘던 알레고리들을 생각했다고 믿는가? 그렇게 믿는다면, 여러분은 내 의견의 발치나 손끝에도 미치지 못한 것이다. 나는 진짜 식충이인 뤼뱅 신부라는 자가 (속담에 있듯이) 솥에 맞는 뚜껑이라고, 혹시 자신처럼 미친놈을 만날 수 있을까 해서 증명해보이려고 애썼던 복음의 성사에 관해서 오비디우스가 『변신』에서 생각하지 않았던 만큼이나 호메로스도 이 알레고리들을 생각해본 적이 없었다고 선언하는 바이다."[11]

이 주장에 따르면 문제의 "재미있고 새로운 연대기"도 마찬가지이므로 작가가 생각해본 적이 없는 알레고리를 찾으려고 애쓸 필요가 없다는 것이다. 더군다나 그는 술을 마시면서 이 책을 썼고, 책을 쓰는 데 육신의 회복, 즉 먹고 마시는 시간 이외의 시간을 허비하거나 사용하지 않았으며, 실제로 이 때가 이처럼 "고상한 주제와 깊은 학문을 담은 책"을 쓰는 데 적당한 시간이라는 것이다. 앞서의 숨은 의미를 찾아야 한다는 주장과는 완전히 정반대의 논리로 입장을 바꾼 것이다.

같은 서문에서 앞서의 주장을 작가 자신이 말을 끝내자마자 바로 번복하는 것은 치밀하게 계산된 의도적 도발로 여겨지는데, 라블레가 이 같은 모순 논리를 통해서 전하려는 메시지가 어떤 것일지 문맥을 통해서 추측해보아야 할 것이다. 이중의 논리를 풀어줄 실마리로 우선 술과 기름

---

11) 위의 책.

의 관계를 언급한 대목에 주목할 필요가 있다. 술로 인한 취기가 광기[12)]와 비슷한 도취의 상태, 다시 말해서 이성의 통제에서 벗어나 신적 영감에 접할 수 있는 상태라고 한다면,[13)] 술에 취해서 책을 쓴다는 것은 램프의 기름으로 상징되는 인간의 의식적 노력의 단계와는 엄연히 차원이 다른 문제이다. 그리고 도취 상태 속에서 씌어진 책은 작가의 원래 의도와는 다르게 심오한 의미를 담을 수도 있을 것이고, 그 책의 내용에 대해서는 작가에게 책임을 물을 수 없다는 것도 논리적으로 가능한 설명이다. 또 다른 단서로는 팡타그뤼엘리슴 신봉자들의 선의에 대한 기대를 표명한 대목을 들 수 있다. 작중화자인 알코프리바스는 자신이 팡타그뤼엘리슴을 신봉하는 모든 무리들에게서 환영받는다고 밝히면서, 자신의 "모든 행동과 말을 가장 완벽한 쪽으로 해석해줄 것"[14)]을 당부한다. 『제3서』의 서문에서 말했듯이, "작가가 선하고 솔직하고 성실한 마음으로 쓴 책"이라는 사실을 알게 된다면 선의의 독자들은 언제나 그것을 좋은 쪽으로 해석해줄 것이라는 믿음을 팡타그뤼엘리슴 신봉자들은 공유하고 있기 때문이다.

작가가 의도하지 않았더라도 술에 취한 상태에서는 심오한 의미가 신적 영감에 의해서 작품 속에 담길 수 있고, 선의로 해석하기만 하면 원래

12) 에라스무스의 『우신예찬』에서 우신(愚神)은 바로 광기(Folie)를 신격화한 것으로, 우신의 이름으로 인간세계에 대한 신랄한 풍자와 비판을 시도한 작품이다.

13) 실제로 라블레는 『제3서』의 서문에서 술이 그의 영감의 유일한 원천이라고 밝히고 있다. ("이 병의 포도주를 몇 모금 마실 때까지 좀 기다려주기 바란다. 이것이 나의 유일한 헬리콘이니, 이것이 내게는 말의 샘이요 유일한 영감의 원천이로다.", 『팡타그뤼엘 제3서』, 26쪽).

14) 라블레, 『가르강튀아/팡타그뤼엘』, 19쪽.

의도하지 않았던 의미를 작품 속에서 찾아낸다고 하더라도 잘못된 일이라고는 볼 수 없는 것이므로, 결국 "재미있고 새로운 연대기"와 "고상한 주제와 깊은 학문을 담은 책"은 양립 불가능한 것이 아니다. 작가의 의도가 어떤 것이었든지 간에 해석하는 사람의 입장에 따라서 글자 그대로의 표면적 의미, 또는 심층적인 비유적 의미로 해석하는 일은 얼마든지 가능하기 때문이다. 문제는 작가의 선의를 믿고 독자 역시 책의 내용을 선의로 해석하려는 마음가짐을 언제나 견지하고 있기만 하면 되는 것이다.

라블레가 『가르강튀아』 서문에서 언급했던 것처럼 선의의 독자들 사이에서 이중의 독법이 실현되는 전형적인 예를 58장 "예언 형식의 수수께끼"에 대한 가르강튀아와 장 수도사의 해석에서 찾아볼 수 있다. 텔렘 수도원의 기초에서 발견된 문제의 시는 원래 멜랭 드 생 줄레(Mellin de Saint-Gelais)라는 시인이 쓴 당시 유행하던 수수께끼 시를 옮긴 것으로서 옛날식 정구 경기의 모습을 장중한 문체로 묘사한 것일 뿐 심각한 의미를 담고 있었던 것은 아니다. 여기에 라블레가 첫 2행과 마지막 10행을 추가함으로써 원래의 시와는 다른 의미로 해석할 수 있는 여지를 남겨놓은 데서 해석의 문제가 새롭게 제기되는 것이다.

"수도사가 말했다. "전하의 판단으로는 이 수수께끼가 무엇을 가리키고 의미한다고 생각하십니까?

- 뭐라니? (가르강튀아가 말했다) 성스러운 진리의 진행과 존속을 뜻하는 것이겠지.

- 성 고드랑을 두고 말이지만 (수도사가 말했다) 제 설명은 그렇지 않습니다. 이것은 예언자 메를랭의 문체입니다. 원하시는 만큼 심각한 알레고리와 의미를 부여하시고, 전하와 모두들 좋

으실 대로 공상을 해보십시오. 저로서는 모호한 말로 정구 경기를 묘사한 것 외에 다른 의미가 들어 있다고 생각하지 않습니다."[15]

장 수도사의 해석이 사실 관계에 부합되는 것인데 비해서, 가르강튀아는 라블레가 덧붙인 마지막 10행에 나오는 "선택받은 자들, 천상의 만나, 정당한 보상, 시련, 예정된 운명, 정해진 언약" 같은 표현들에 중요한 의미를 부여해서 신앙을 지키기 위하여 시련을 겪는 복음주의자들의 수난이라는 상징적 의미로 해석한 것이다. 이 경우 원저자의 의도에 따라 장 수도사의 해석이 옳고 가르강튀아의 해석이 틀렸다고 말할 수는 없는 것이다. 라블레가 덧붙인 부분이 충분히 다른 해석의 여지를 열어 놓았을 뿐 아니라, 입장에 따라 이 부분에 큰 비중을 두지 않더라도 수수께끼 시 자체가 마치 엄청난 규모의 전투 장면인 것처럼 과장된 수사적 표현으로 일관한 것이기 때문에 심각한 주제를 다룬 듯한 인상을 받는다고 해서 잘못 해석한 것으로 볼 수는 없기 때문이다. 요컨대 『가르강튀아』 서문에서 강조했듯이, 가르강튀아와 그의 동료들처럼 선의를 가지고 작품을 읽는다면 어떤 의미로 해석하든지 간에, 설령 그것이 작가의 의도와 상관이 없다 하더라도 문제될 것이 없다는 것이 라블레의 판단인 셈이다.

팡타그뤼엘 연작의 서문들의 구성 방식은 결말 부분에서 독자와의 대화로 되돌아가 이야기의 진실성을 믿지 못하거나 그에게 적대적인 독자들에 대해서 저주나 욕설을 퍼붓는 희극적 상황이 연출되는 것을 자주

---

15) 위의 책, 261쪽.

볼 수 있다. 『팡타그뤼엘』, 『가르강튀아』 같은 초기 작품들의 서문이 독자와의 유희적 공감대를 만들어가기 위해서 거인왕의 환상적 연대기를 믿지 못하는 독자들에게 장난스럽게 악담을 늘어놓는 정도였다면, 『제3서』와 1548년판 『제4서』의 서문[16]에서 작중화자는 타락한 성직자, 위선자, 중상모략꾼들처럼 그의 적들을 유형별로 구체적으로 열거하며 그들은 자신의 작품을 읽을 자격이 없으니 물러가라는 식으로 과감히 배척하는 더욱 강경해진 태도를 취하고 있다. 이는 라블레가 자신의 실명을 밝힌 『제3서』부터 그에게 박해를 가하는 반대파들에 대한 적개심을 숨기지 않고 그대로 드러낸 것으로 볼 수도 있겠으나, 가상의 독자들에 대한 저주나 욕설이 작품의 희극성을 살리는 데 효과가 있다는 것도 부인할 수 없는 사실이다. 서문을 끝내고 본격적인 이야기로 넘어가는 시점에서 작품의 희극적 분위기를 한껏 끌어올리기 위해서는 "늙은 원숭이, 잡종개, 악마의 수도사, 독실한 척하는 신자들"[17] 같은 이름으로 부르면서 독자들에게 직접 쏟아 붓는 장난스러운 저주나 욕설만큼 효과적인 것도 별로 없을 것이기 때문이다.

16) 1552년에 나온 『제4서』의 결정판 서문에는 "선의의 독자들에게"라는 제목이 붙어 있는데, 이 때문인지 적들을 공격하는 내용은 들어 있지 않다.

17) 라블레, 『팡타그뤼엘 제3서』, 32쪽.

2) 팡타그뤼엘 연작의 구성과 서술방식

라블레 소설은 1532년 『팡타그뤼엘』을 시작으로 1552년 『제4서』의 완결판이 나올 때까지 20년간에 걸쳐 출판되었다. 진위 여부에 대한 논란이 계속되는 『제5서』(1564)까지 포함시킨다면 30여년이 걸린 셈이다. 당시의 출판 사정 때문이겠지만 인쇄업자가 자주 바뀌었고 저자의 승인을 받고 출판한 것인지 불분명한 판본들도 많다. 『제3서』에 첨부된 국왕의 윤허장에 저자의 동의 없이 앞으로 10년 동안 이 책들을 인쇄해서 판매하는 행위를 금한다는 내용이 들어 있는 것을 보면 당시에는 저자의 허락을 받지 않은 해적판이 공공연히 유통되었고 이를 막을 방도가 마땅치 않았던 것 같다. 해적판의 출판은 저자에게 금전적 손해를 입히는 것 외에도 당국에 의한 검열과 출판 금지 조치가 자주 행해졌던 당시의 상황에서는 저자에게 신변의 위협이 될 수도 있었던 것이므로 라블레로서는 저자 몰래 출판된 책들에 대해서 더욱 신경을 쓰고 조심하지 않을 수 없었을 것이다.

라블레 소설은 흔히 팡타그뤼엘 연작으로 통칭된다. 제1권인 『팡타그뤼엘』을 시작으로 작가 사후에 출판되어 아직까지 그 진위 여부에 대한 논란이 끊이지 않는 『제5서』에 이르기까지, 그의 소설은 동일한 등장인물들과 사건의 연계성으로 보면 연작임에 틀림없으나 오랜 기간에 걸쳐 씌어진 까닭에 초기와 후기의 작품들 사이에는 상당히 큰 차이가 나는 것을 볼 수 있다. 『팡타그뤼엘』과 『가르강튀아』(1534)가 전설적인 거인왕의 연대기인데 비해서, 12년의 공백 뒤에 발표된 『제3서』(1546)는 파뉘르주의 결혼을 둘러싼 문답 중심의 대화체 형식의 작품이고, 『제4서』(1548, 1552)와 『제5서』는 신성한 술병의 신탁을 받기 위해서 떠난 환상적 여행기이다.

라블레는 『팡타그뤼엘』의 서문에서 마치 『가르강튀아 대연대기』의 성공에 자극을 받아 소설을 쓰게 된 것처럼 과장하고 있지만, 실제로 문제의 작품은 주인공의 엄청난 키와 힘, 그리고 식욕을 강조하는 것 외에 별다른 특징이 없는 조잡한 내용의 대중소설이다. 라블레는 주인공을 유토피아의 왕으로 신분을 바꾸고 그의 아들로 팡타그뤼엘이라는 새로운 인물을 창조해냄으로써 전혀 별개의 연대기를 만들어낸 것이다. 또한 라블레 소설에 등장하는 거인왕들은 육체 못지않게 정신적으로도 거인의 면모를 갖추고 있다. 술에 취해서 잠든 술꾼들의 입 속에 소금을 뿌리고 다닌다고 알려진 중세 전설에 나오는 장난꾸러기 악마의 이름에서 따온 팡타그뤼엘에게 작가는 목마른 자들의 지배자라는 상징적 의미를 부여한 것이다. 이 갈증은 보다 나은 삶을 살고자 하는 욕망, 인간의 무한한 가능성에 대한 낙관적 기대를 의미하는 것이기도 하다. 이러한 의미에서 거인왕들은 이 시대가 염원하던 이상적 인간형, 즉 모든 면에서 뛰어난 능력을 발휘할 수 있는 전인(全人)을 형상화한 것이라 할 수 있다.

『팡타그뤼엘』에는 이미 거인왕의 행적에 관한 서술보다 화자의 사설 위주로 이야기를 풀어나가는 라블레 특유의 글쓰기 방식이 나타나고 있다. 주인공의 출생, 성장, 교육, 전쟁에서의 무훈의 순서대로 기사도 소설의 패턴에 맞게 사건이 전개되지만, 이야기는 기본 줄거리와는 상관없이 독자를 상대로 엮어나가는 대화와 여담을 통해서 계속 새로운 방향으로 확장되어 나간다. 장터의 장사치 같은 이야기꾼의 거친 입담과 곁들여지는 허풍과 익살이 전체적인 분위기를 주도하는 것처럼 보이지만, 한편으로는 이와 전혀 어울릴 것 같지 않은 시나 편지, 노래가사, 웅변, 단어들의 수직 목록 등 다양한 문체의 실험과 횡설수설 같은 말장난, 빈번한 고전의 인용과 엉뚱한 해석 등으로 인하여 작품의 상당 부분은 지적 수준이 낮은 일반 독자들에게는 이해할 수 없는 무의미한 말의 잔치로 여겨질 수밖에 없는 것이었다.

『팡타그뤼엘』보다 2년 뒤에 출판된 『가르강튀아』는 『가르강튀아 대연대기』에 대한 전면적인 개작(改作)이다. 라블레는 『팡타그뤼엘』의 성공에 자신을 얻어 아들의 연대기에 이어 다시 아버지의 연대기로 거슬러 올라간 셈인데, 라블레의 『가르강튀아』와 원작의 수준차가 워낙 컸기 때문에 『가르강튀아 대연대기』는 이제 라블레 전문가들 말고는 아무도 관심을 갖지 않는 잊혀진 작품이 되고 말았다. 『가르강튀아』는 집필 순서로는 두 번째 작품이지만 주인공의 아버지의 일대기를 다룬 것이므로 이야기의 순서에 따라 팡타그뤼엘 연작의 제1권으로 자리잡게 된다. 『가르강튀아』에서는 전작과 마찬가지로 연대순으로 사건이 전개되지만, 내용에 있어서는 가르강튀아를 바보로 만들어버린 중세 스콜라 철학의 낡은 교육 방식과 이와 대비되는 새로운 인문주의 교육의 놀라운 성과, 폭군 피크로콜의 침략 전쟁과 기독교의 박애정신에 충실한 그랑구지에 왕의 평화 정책, 수도원 제도의 폐해와 반(反)수도원으로서의 텔렘 수도원의 건설 등 중요한 테마를 중심으로 여러 에피소드들이 서로 결합되는 지적 구조가 나타난다.

작가가 12년간의 침묵 끝에 실명으로 발표한 『제3서』에서부터 작품의 내용과 형식에 일대 전환이 이루어진다. 거인왕의 행적을 다룬 연대기였던 전작들에 비해서 『제3서』는 처음과 끝에 나오는 서술부분을 제외하고는 작품 전체가 마치 연극대사와 같은 인상을 줄 정도로 등장인물들의 대화 중심으로 이야기가 전개되는 것이다. 팡타그뤼엘의 심복이자 친구인 파뉘르주가 결혼을 해야 할 것인가, 말아야 할 것인가 하는 문제를 두고 베르길리우스의 시구(詩句), 주사위 점, 꿈의 해몽, 무녀의 예언, 벙어리의 몸짓, 죽어가는 시인의 노래, 점쟁이의 점괘, 미치광이의 말과 행동에 대한 해석에 이어 마지막에는 신학자, 의사, 철학자가 모인 심포지엄에 이르기까지 일련의 문답과 토론이 계속 이어진다. 라블레는 『제3서』에서 예언의 방식과 해석의 문제, 그리고 여성의 성향에 관한 다양한 견해 등 사변적 주제를 중심으로 이야기를 풀어나가는 식으로 글쓰기 방식을 바꾸는데, 이 같은 변화는 현실과 동떨어진 과거의 이야기 같은 거인왕의 연대기의 정해진 패턴에서 벗어나 시대적 관심사와 현실 문제에 관한 논의에 초점을 맞추려는 작가의 새로운 구상이 반영된 결과이다.

『제4서』는 라블레가 비서 겸 주치의의 자격으로 뒤 벨레 추기경을 수행해서 로마에 체류 중이던 1548년에 부분판이 먼저 나오고, 1552년에 완결판이 출간된다. 『제3서』의 결혼 문제에 관한 상담에서 한결같이 부정적인 결론에 승복하지 못한 파뉘르주가 마지막으로 신성한 술병의 신탁을 받기 위해서 여행을 떠날 것을 팡타그뤼엘에게 제안하는데, 그 결과 이루어진 환상적 여행의 기록이 『제4서』와 『제5서』이다. 전통적 여행기와 달리 이 작품들은 '말의 여행기'라 불릴 만큼 주로 등장인물들의 대화 상황 속에서 사건이 진행된다. 항해 도중에 방문하는 여러 환상의 섬들에서 목격한 기이한 풍물이나 제도, 관습들이 팡타그뤼엘 일행의 관심을 끌게 되면, 그중 한 사람이 나서서 자신이 경험했거나 책에서 읽은 일화를 예로 들어 그 의미를 해석하고 주위의 다른 사람들도 각자 자기 의견을 제시하는 식으로 이야기가 꼬리를 물고 이어지는 것이다. 그리고 작가가 환상의 섬들의 제도와 관습을 묘사하면서 당시 사회의 불합리한 폐해와 비리를 빗대어 풍자하는 수법을 자주 사용하기 때문에 전작들에 비해서 현실 고발적인 성격이 강한 것도 『제4서』 이후에 나타나는 특징이다. 보지도 못한 교황을 지상의 신으로 숭배하는 교황숭배자들(Papimanes), 매를 맞아야 먹고살 수 있는 법원 집행관들(Chiquanous), 뇌물에만 관심이 있는 관리들(Grippeminauds)이 사는 섬 등은 시대에 대한 라블레의 분노와 비판의식이 잘 드러나 있는 대표적 예들이다.

작가가 세상을 떠난 지 9년 후인 1562년에 『종소리 나는 섬』(*L'Isle Sonante*)이라는 제목으로 16장이 출판되었다가 1564년에 47장으로 발표된 『제5서』에 관해서는 출판 당시부터 지금까지 진위 여부에 대한 논란이 끊이지 않고 있다. 지금까지 나온 학설은 그것을 전적으로 위작으로 보는 설과 라블레가 남긴 유고를 다른 사람이 수정·가필하거나 상당 부분 보완했을 것이라는 설, 그리고 전적으로 라블레의 창작으로 보는 설 등 크게 세 가지로 나뉜다. 진위 문제에 관한 최근의 연구 결과는 적어도 『제5서』의 상당 부분은 라블레가 남긴 유고를 이용했을 것이라는 쪽으로 나오고 있지만, 몇몇 에피소드들을 다른 작품들에서 거의 그대로 차용한 것이나 전작들에 비해서 종교나 사회 문제에 대한 비판이 훨씬 직설적으로 공격성을 띤다는 점 등은 기존의 라블레 작품과 차이가 나는 부분들이다. 어쨌든 『제5서』가 그의 작품이 아니라 하더라도 당시 문학 작품들의 수준과 비교해보면, 상당한 재능을 지닌 작가에 의해서 씌어졌다는 것만은 부인할 수 없는 사실이다.

초기의 작품들에서는 알코프리바스라는 작중인물 겸 화자가 이야기의 진행에 주도적인 역할을 담당한다. 서문에서 팡타그뤼엘의 연대기를 기록하는 사관이라고 자신의 신분을 밝힌 바 있는 알코프리바스는 팡타그뤼엘이라는 이름의 기원과 그 선조들의 계보 같은 주인공의 신상에 관한 사전 정보를 제공하는 1장 첫머리에서부터 독자와의 대화를 통해서 어떻게 쓸 것인가 하는 글쓰기의 문제를 본격적으로 제기하면서 자신의 존재를 확실히 부각시킨다.

"지금 우리가 한가로우니, 여러분에게 선한 팡타그뤼엘이 이 세상에 태어난 기원과 출신을 상기시키는 것이 쓸데없거나 무위한 일은 아닐 것이다. 이는 아랍인이나 바르바리아인, 라틴인들뿐 아니라 영원한 술꾼인 그리스인들과 이교도들의 모든 훌륭한 사관들이 이렇게 그들의 연대기를 다룬 것을 내가 알기 때문이다."[18]

이야기의 진행을 주도하면서 독자들에게 화자로서의 자신의 존재를 확실히 인식시켜온 알코프리바스가 직접 사건에 개입해서 인물로서 본격적인 역할을 수행하는 경우는 첫 작품인 『팡타그뤼엘』에만 두 번 나온

---

18) 라블레, 『가르강튀아/팡타그뤼엘』, 273쪽.

다. 한번은 파뉘르주와 같이 면죄부를 사러 가서 대화를 나누면서 그의 진면목이 드러나게 만드는 장면(17장)이고, 두 번째는 팡타그뤼엘 입속의 세계를 탐험하는 유명한 에피소드(32장)이다. 첫 번째 경우에 알코프리바스는 우선 16장에서 파뉘르주의 용모와 성격, 사기 수법들과 그가 악동 기질을 발휘해 사람들을 골탕 먹인 여러 사례들을 자세히 소개한 다음, 17장 "파뉘르주가 어떻게 면죄부를 사고 노파들을 결혼시켰는가, 그리고 그가 파리에서 벌였던 소송에 관하여"에서는 처음부터 파뉘르주에게 말을 걸며 본격적인 대화를 시작한다.

"어느 날 나는 파뉘르주가 약간 기운 없이 침울해하며 말이 없는 것을 보고는 돈이 떨어진 때문이라고 생각하고 그에게 말했다. "파뉘르주, 자네 표정을 보니 어디 아픈 게로군. 무슨 병인지 알겠네. 돈주머니가 비어서 그런 모양인데 걱정하지 말게. 내게는 부모를 만난 적이 없고, 필요할 때 매독만큼이나 자네에게 떨어지는 일이 없을 1수 짜리 동전 여섯 닢과 약간의 잔돈이 아직 있다네."[19]

16장에서 사건에 개입하지 않고 독자를 상대로 전지전능한 화자의 입장에서 파뉘르주의 과거 행적과 사기 수법들에 관해서 자세한 이야기를 들려주던 것과는 달리, 17장에서 등장인물로서의 알코프리바스는 파뉘르주의 사기 행각을 알아차리고는 전혀 몰랐던 일인 것처럼 겁을 내면서 힘을 합쳐 멋지게 한 판 소동을 벌이자는 그의 제안을 거절하는 등 소심하고 방어적인 태도를 보인다. 알코프리바스는 인물로서 자신의 성격을

19) 라블레, 『가르강튀아/팡타그뤼엘』, 380쪽.

드러낼 뿐 아니라 교회의 면죄부 판매를 이용해 사기를 치는 파뉘르주의 범죄 행위를 목격하고 충격을 받는 모습을 보여주는데, 이는 사건 속에 위치한 인물로서 정보의 제한을 받을 수밖에 없는 일인칭 서술의 화자의 입장에서는 당연한 반응이겠지만 앞서의 전지전능한 화자의 보고 내용과는 상치되는 것이다.

라블레 소설에서 작중인물 겸 화자로서의 알코프리바스의 존재에도 불구하고 지금과 같은 기준의 일인칭 서술방식의 원칙을 그대로 적용하기에는 무리가 있다는 것은 32장 팡타그뤼엘 입속의 세계에 관한 에피소드에서도 확인할 수 있는 사실이다.

"그러는 동안에 여러분에게 이토록 진실한 이야기를 들려주는 나는 몽트리블 다리의 아치보다 덜 넓지 않은 우엉잎 아래 몸을 감추고 있었다. 그런데 그들이 그렇게 훌륭히 비를 피하게 된 것을 보고서 나도 그들에게로 가서 비를 피하려 했다. 그러나 그럴 수가 없었는데, 그것은 사물에는 끝이 있는 법이라고 사람들이 말하듯이 그들의 수가 너무 많았기 때문이다. 그래서 최선을 다해서 위쪽으로 기어 올라가 그의 혀 위로 20리 정도 길을 간 끝에 그의 입 안으로 들어갔다. 그런데, 오, 남신과 여신들이여, 내가 그곳에서 무엇을 보았는가? 내가 거짓말을 한다면 유피테르 신이 벼락을 세 번 내려 나를 벌하시기를! 나는 콘스탄티노플의 소피아 성당 안을 걷는 것처럼 길을 가다가 덴마크인들의 산과 같은 거대한 바위들을 보았는데, 그것이 그의 치아라고 생각했고, 큰 들판과 큰 숲들, 그리고 리옹이나 푸아티에보다 덜 크지 않은 견고하고 넓은 도시들을 보았다."[20]

20) 위의 책, 472쪽.

팡타그뤼엘 입속의 세계는 산과 들, 숲과 호수가 있고 여행자들이 그곳에 사는 물고기 모양의 여러 종족들과 전투를 벌이는 또 다른 세계가 존재하는 것으로 상상한 루키아노스의 『진실한 이야기』에 나오는 괴물 고래 뱃속의 세계를 연상시킨다. 거인의 입 속에는 25개 이상의 왕국들이 있는 광대한 신세계가 펼쳐지는데, 그곳에 도착한 알코프리바스가 목격한 것은 우리가 사는 세상과 조금도 다를 바 없는 그들의 일상적 삶의 모습이다. 투렌 지방의 농부처럼 밭에서 양배추를 심고 있는 농부를 처음 만나서 이 세계가 해와 달이 있는 바깥세상보다 더 오래 되었다는 이야기를 듣고, 도시에 들어가려다 페스트 때문에 검역증을 요구받고 놀라기도 한다. 잠을 자면서 돈을 버는 전설상의 지상낙원을 연상시키는 이야기를 제외한다면, 나머지는 우리네 세상과 똑같은 방식으로 살아가는 그들의 모습이 오히려 신기할 정도이다.

이 에피소드에서는 엄청난 과장으로 일관하는 알코프리바스의 목격담이 앞뒤가 맞지 않는 모순투성이라는 점에서도 주목할 만하다. 팡타그뤼엘의 출생 이후에 생긴 것일 수밖에 없는 그의 입속의 세계가 바깥세상보다 더 오래 된 것이라는 우물 안 개구리식의 주장에서부터 폐위 당한 후 파뉘르주의 주선으로 늙은 창녀와 결혼식을 올린 아나르슈 왕의 피로연 음식을 과식한 탓에 거인의 뱃속에서 올라온 악취 때문에 페스트가 발생해 2백만 명 이상이 죽었다는 황당한 이야기, 다른 세상에서 팡타그뤼엘의 입 속으로 날아든 비둘기들은 그의 입을 비둘기장으로 착각하고 들어왔을 것이라는 나름 합리적인 것 같지만 상상을 초월하는 거인의 거대한 체구를 생각하면 전혀 균형이 맞지 않는 화자의 엉뚱한 설명, 각지를 여행하며 6개월 이상을 지낸 입속의 세계로부터의 귀환과정이 매우 신속하게 이루어진 것처럼 한두 줄로 간략하게 처리된 것이나, 밖으로 나와 팡타그뤼엘과 대화를 나누는 장면에서 그의 입 속에 25개 이상의 왕국이 있다고 했던 앞서의 설명과는 달리 그의 목구멍으로 넘어온 음식물 중에서 가장 맛있는 것을 골라 먹고 살았으며 배설도 그곳에 했다고 답하는 것 등은 누구라도 앞뒤가 맞지 않는 거짓말이라는 것을 금방 알아챌 수밖에 없는 황당하기 이를 데 없는 이야기들이다. 라블레가 이 같은 모순을 의식하지 못했을 리가 없을 것이고 설령 처음에는 소홀한 나머지 실수가 있었다고 치더라도 나중에 손볼 수 있는 기회가 얼마든지 있었을 텐데도 그대로 내버려둔 것을 보면 사건 자체가 워낙 황당하고 비현실적인 것이라서 각 부분 사이에 균형이나 논리적 연결에 신경 쓸 필요를 느끼지 않았거나, 아니면 독자에게 이야기의 즉흥성을 부각시키며 멋대로 상상해본, 말 그대로 공상(空想)에 지나지 않는 세계라는 암시를 주기 위한 것이라고 생각해볼 수도 있을 것이다. 어쨌든 독자로서는 아무리 믿으려 해도 도저히 믿을 수 없는 것으로 치부하게끔 화자가 그 허구적 성격을 의식적으로 강조하는 것은 거인왕의 연대기가 본래의 환상의 세계와 달리 애초부터 현실에서는 실현 불가능한 초자연적인 사건들로 이루어진, 토도로프의 용어에 의하면 경이(le merveilleux)의 세계[21]에 속하

21) 토도로프는 초자연적 현상을 유형별로 나누어서 자연법칙에 의거한 합리적 설명이 가능한 기괴(l'étrange)와 그대로 수용할 수밖에 없는 경이(le merveilleux), 그리고 작중인물들과 독자 모두가 초자연적 현상을 믿을 수도 그렇다고 믿지 않을 수도 없어서 주저할 수밖에 없게 만드는 본래의 환상(le fantastique)을 구분한다. (Tzvetan Todorov, *Introduction à la littérature fantastique*, Le Seuil, 1970, 46-47쪽 참조).

는 것이기 때문이다. 이 때문에 화자는 사실적 환상 대신 아무도 믿지 않는 이야기의 진실성을 강변하는 억지를 부리면서 불신자들을 향해서 욕설과 저주를 퍼붓는 것으로 희극적 효과를 높이는 데 초점을 맞추게 되는 것이다.

원래 일인칭 서술에서는 화자가 거짓말을 하지 않는 것이 원칙으로 되어 있기는 하지만, 루키아노스의 경우와 마찬가지로 라블레 소설 역시 본래적 의미대로의 환상을 불러일으키는 것과는 성격이 전혀 다른,[22] 기상천외의 재미있는 이야기 거리를 제공한다는 환상적 여행기의 기본 취지에 충실한 것으로 이해한다면 사건 차원의 논리적 모순이 큰 문제가 되지는 않는다. 그런데 화자가 자신이 직접 목격하고 경험한 사건이라는 점을 강조하게 되면 이야기의 진실성을 높이는 것이 아니라 오히려 비현실적 허구라는 사실이 더 부각될 수밖에 없기 때문에, 이 경우 통상적으로 사실주의 계열의 소설에서 작중화자나 인물과 자신을 동일시하고 사건 속에 몰입하는 데서 발생하는 독자의 흥미와 관심을 대체할 만한 다른 재미를 제공할 수 있는 서술전략이 필요하다. 이것이 바로 웨인 부스가 '자의식적 화자'라고 정의한 희극소설의 화자가 해결해야 할 과제인 것이다.[23]

---

22) 토도로프의 설명에 따르면, 환상문학에서는 일인칭 서술이 주로 사용되는데, 그것은 작중인물 겸 화자가 자기 자신이 직접 목격하고 경험한 사건을 믿을 수도 없고 그렇다고 믿지 않을 수도 없다고 진술하는 상태, 그러니까 환상과 현실의 경계 사이에서 일어나는 일들을 일인칭으로 서술하는 것이 독자들에게 가장 실감나게 진실처럼 여겨지기 때문이다. (위의 책, 89쪽).

23) 부스가 말하는 희극소설의 자의식적 화자에 관해서는 제4장 2부 '근대 희극소설의 계보' 를 참조할 것.

알코프리바스는 『팡타그뤼엘』에서 예외적으로 사건에 직접 등장하기도 하지만 기본적으로는 구전문학의 전통에 따라 이야기를 진행하는 전형적인 이야기꾼의 역할을 수행한다. 이야기꾼은 때로는 인물로서 직접 연기를 하기도 하고, 때로는 화자의 역할을 수행하며 청중의 관심을 집중시키고 흥겹게 분위기를 띄워가면서 이야기를 진행했던 것이다. 이 같은 구전적 상황에서 이야기꾼은 텍스트가 있는 경우보다 이야기의 진행과 관련해서 말이나 행동의 제약을 훨씬 덜 받았을 것으로 짐작된다. 인쇄된 책은 앞으로 되돌아가 다시 읽을 수 있고 잘못된 부분도 독자가 쉽게 찾아낼 수 있지만 구전적 서술상황에서는 일단 지나쳐버린 부분은 다시 되돌릴 수 없기 때문에 매순간 집중도를 높이고 강한 인상을 청중들에게 남길 수 있게 이야기를 이끌어가는 능력이 이야기꾼에게는 요구된다. 그러므로 잘 짜인 줄거리보다는 장면마다 즉각적으로 웃음을 터뜨리게 만드는 희극적 효과를 더 중요시하는 희극의 경우처럼, 구전적 서술상황에서 청중들이 흥미진진한 이야기에 이끌려 이야기꾼의 일거수일투족에 관심을 집중시킬 수 있도록 전체적인 짜임새나 통일성보다는 매순간의 상황에 적절히 대응하는 이야기꾼의 임기응변과 말솜씨가 훨씬 중요했을 것이므로 글로 씌어진 텍스트에 적용되는 형식적인 제약이나 세부적 사항들의 일치 같은 것에는 별로 신경을 쓰지 않는 것이 당시에는 일반화된 관례였을 것이다.

이야기의 서술방식에 있어서 화자가 등장인물의 역할을 겸하는 일인칭 소설이 등장함에 따라 근대소설 이후에 보편적으로 적용되는 일인칭과 삼인칭 서술방식의 구분이 라블레 소설에 아직 나타나지 않는 것도 이 같은 구전문학의 전통이 여전히 강했던 시대 상황과 관련이 있어 보인다. 주네트가 지적한 대로, 화자는 작중인물로 직접 사건에 참여하지 않는 삼인칭 서술에서도 언제라도 화자의 자격만으로도 일인칭을 사용해 이야기 속에 개입하는 것이 원칙적으로 가능하고 발자크를 위시해서 많은 작가들이 이 방식을 선호하는 것이 사실이지만,[24] 라블레 소설은 알코프리바스의 존재에도 불구하고 본래적 의미의 일인칭 서술과 삼인칭 서술 방식이 별 다른 이유 없이 같이 사용되는 특이한 양상을 보이기 때문이다. 팡타그뤼엘 연작에서는 작품마다 주제에 따라 시간·공간적 상황과 사건의 전개 방식이 달라지는데, 이에 따라 알코프리바스의 위상에도 변화가 생기고 그 결과는 작품의 구성과 서술방식에 그대로 반영된다.

그리고 『팡타그뤼엘』에서의 알코프리바스의 위상을 기준으로 삼았을 때 『가르강튀아』에서는 사건의 무대가 아버지의 시대로 거슬러 올라가게 되므로 전작의 인물들이 그대로 다시 등장한다면 시대착오의 문제가 생길 수밖에 없게 된다. 가르강튀아가 그의 나이 "4백하고 4 곱하기 20 더하기 40하고 4살"[25]에 낳았던 팡타그뤼엘의 연대기에 등장했던 인물들이 아버지의 연대기에 다시 모습을 나타내는 것은 논리적으로 맞지 않기 때문이다. 라블레도 이 같은 모순을 의식해서 주요 등장인물들 중에서 파뉘르주는 『팡타그뤼엘』에, 장 수도사는 『가르강튀아』에 등장시키는 것으로 구별을 짓지만, 이 인물들이 『제3서』부터는 다 함께 팡타그뤼엘을 수행하는 것을 보면 시대착오적 상황을 무시하더라도 상호보완적인

---

24) Gérard Genette, *Figures III*, Le Seuil, 252쪽.

25) 라블레, 『가르강튀아/팡타그뤼엘』, 283쪽.

두 인물들을 같이 등장시키는 것이 더 효과적이라고 판단했던 것으로 보인다.

알코프리바스의 경우에도 이 같은 모순이 전혀 없는 것은 아니지만 훨씬 눈에 띄지 않을 정도로 인물로서의 존재감은 미미한 수준이다.[26] 그 대신 사관으로서 임무를 수행하는 알코프리바스의 모습은 여러 번 확인할 수 있는데, 이 역시 시대착오적 면이 없지 않겠지만 그래도 현장에서 직접 목격한 사실을 증언하는 것이 아니라 얼마가 지난 다음인지는 알 수 없으나 사후에 사료를 통해서 거인왕의 행적의 사실 여부를 확인한 것이므로 불가능한 일은 아니라고 할 수 있다.

"(자격은 없지만) 내가 그곳에 불려가서 안경의 도움을 많이 받으며 아리스토텔레스가 가르친 대로, 잘 보이지 않는 글자를 읽는 비법을 동원하여 그 글을 번역했다."[27]

"몽소로의 기록 보관소에 있는 고문서에서 나는 그가 다음과 같은 방식으로 옷을 입었다는 사실을 알아냈다."[28]

"가르강튀아가 도착하자 사람들은 두 팔을 벌려 그를 환대했다. 그들보다 더 기뻐한 사

---

26) 『가르강튀아』에서 알코프리바스가 증인 또는 목격자 역할을 하는 일인칭 화자로 등장하는 경우가 두 번 있는데, 『팡타그뤼엘』에서의 활약상과 비교해보면 거의 무시해도 좋을 정도라 할 수 있다. ("그의 시녀들 중의 하나가 내게 신앙을 걸고 단언하기를"(7장, 50쪽), ("나는 그가 생 빅토르에서 몽마르트르에 있는 외데몽을 부르는 소리를 한 번 들은 적이 있는데"(23장, 127쪽).

27) 위의 책, 23쪽.

28) 위의 책, 52쪽.

람들은 일찍이 본 적이 없었다. 왜냐하면 『연대기 보유편의 보유』에는 가르가멜이 기쁜 나머지 그 자리에서 죽었다고 기록되어 있기 때문이다. 나로서는 이에 관하여 아는 바가 없고, 그녀나 다른 어느 여자에게도 관심이 없다."[29]

위의 예문들을 보면, 알코프리바스는 직접 목격한 사실이 아니라 옛 문헌들을 검토하고 그 내용을 확인해서 기록했던 것이므로 아버지의 연대기를 아들인 팡타그뤼엘의 사관의 자격으로 썼다고 해도 문제될 것은 없는 셈이다. 특히 라블레의 여성혐오적인 면을 지적할 때 흔히 근거로 내세우는 마지막 예문을 보면 문제의 화자가 사료에 기록된 내용 말고는 역사적 사실에 관해서 아무것도 알지 못한다고 실토한 것으로 보아서 일인칭 화자라 하더라도 목격자나 증인의 입장에서 서술한 것이 아니므로 실질적으로는 삼인칭 서술과 다를 바가 없는 것을 알 수 있다. 주네트의 서사학 이론에 따르자면, 알코프리바스는 경우에 따라서 바깥 이야기의 화자와 속 이야기의 화자, 동질적 화자와 이질적 화자 모두에 해당하는, 정체를 파악하기 힘든 매우 특별한 존재로 볼 수밖에 없는 것이다.[30]

알코프리바스의 위상과 관련해서 서술방식에서 나타나는 또 다른 예외적인 상황은 작가의 존재를 별개의 인물처럼 취급하여 알코프리바스 또

29) 위의 책, 179쪽.

30) 주네트는 화자의 서술 층위에 따라 바깥 이야기의 화자(narrateur extradiégétique)와 속 이야기의 화자(narrateur intradiégétique)를 구별하고, 화자가 인물의 역할을 겸하는지에 따라 동질적 화자(narrateur homodiégétique)와 이질적 화자(narrateur hétérodiégétique)를 구별한다. (Gérard Genette, 앞의 책, 238-241쪽, 251-254쪽 참조).

는 다른 철자의 이름으로 본문에서 언급하는 경우이다.[31] 주의 깊게 살펴보지 않으면 눈에 띄지 않을 정도로 매우 예외적인 경우이므로 대수롭지 않게 보이기는 하지만, 라블레가 자기 자신을 객체화하여 다른 사람인 것처럼 이야기에 등장시킨 것은 비록 그 시도가 발전적인 전개를 보여주지는 못했다 하더라도 글쓰기의 새로운 가능성을 찾아보려는 작가 나름의 시도의 흔적인 것은 틀림없는 사실이다.

라블레가 "의학박사 프랑수아 라블레"라고 자신의 이름과 신분을 공개한 『제3서』에서부터 알코프리바스는 화자나 인물로서 텍스트에서 완전히 모습을 감춘 것은 아니지만 눈에 잘 안 띌 정도로 그 존재가 희미해지는 것을 보게 된다. 그 대신 라블레가 제삼자의 입을 빌어 다른 실존인물들의 이름과 함께 자신의 이름을 거론하면서 과거에 실제로 자신이 경험했던 사건을 사실대로 이야기하는 장면이 『제3서』와 『제4서』에 각각 한 번씩 나온다.[32] 첫 번째 이야기는 라블레가 몽펠리에 의과대학을 다니

31) "이 모든 것은 샤퓌 선장과 그의 측근인 알코프리바스에 의하여 제작되었다."(『가르강튀아』, 8장, 56쪽), 알코프리바스 말고도 『제4서』에서는 기이한 죽음에 관해서 말했던 사람들 이름 중에 "장남인 바카베리"(Bacabery l'aisné) (17장, 125쪽)라는 라블레의 다른 아나그람도 사용된다.

32) "선생님께서 전에 몽펠리에에서 앙투안 사포르타, 기 부기에, 발타자르 누아예, 톨레, 장 캉탱, 프랑수아 로비네, 장 페르드리에, 그리고 프랑수아 라블레 같은 우리의 옛 친구들과 함께 귀머거리 여인과 결혼했던 남자에 관한 희극적인 교훈극 공연에 출연하셨던 때 이후로 뵙지를 못했군요."(『제3서』, 34장, 206쪽).

"그래서 아시에, 슈망, 애꾸눈 마이, 생 텔, 빌뇌브 라 기야르 영주와 살리방 출신의 의사 가브리엘 선생, 라블레, 코위오, 마쉬오, 마이 오리치, 뷜루, 부르그메트르라고 불리던 세르퀴, 프랑수아 프루스트, 페롱, 샤를 지랄, 프랑수아 부레 등과 고인의 많은 친구들과 하인, 시종들 모두가 대경실색해서 입으로 한마디 말도 하지 못한 채 침묵 속에 서로 쳐다만 보고 있었지요."(『제4서』, 27장, 161-162쪽).

던 시절에 친구들과 같이 공연했던 교훈극에 관한 것이고, 두 번째는 그가 주치의 자격으로 모셨던 피에몬테 총독 기욤 뒤 벨레의 임종 장면을 회고한 것인데, 이 장면들에서 특이한 것은 인물들의 대화 가운데 라블레 자신의 경험을 그 자리에 같이 있었다고 밝힌 다른 사람이 회고하게 만드는 수법으로 작가 자신과 거리를 두고 있다는 점이다.

『제3서』 서문에서는 프랑수아 1세의 이탈리아 원정전쟁 같은 당시의 시사적 사건을 언급하며 애국심을 고취하는 등 작가의 현실과 밀착된 모습을 보이기도 하지만, 화자가 앞서의 작품들에 등장하던 알코프리바스만큼 개성적인 모습을 보여주지는 못한다고 하더라도 일인칭 화자의 역할을 완전히 포기한 것은 아니다. 『제3서』 이후에도 적어도 라블레의 의식 속에서는 작중인물 겸 화자로서의 알코프리바스의 존재가 사라진 적은 한 번도 없었다고 믿을 만한 여러 가지 근거들을 작품 속에서 찾을 수 있기 때문이다. 『제4서』에서 항해 도중 폭풍우를 만났을 때 겁에 질린 파뉘르주가 그의 이름을 부르며 도움을 청하기도 하고,[33] 더 분명한 예로써 얼어붙은 말을 병에 담아 보관하려던 알코프리바스의 계획을 팡타그뤼엘이 허락하지 않는 이야기가 나오는 것을 보면,[34] 수행원으로서의 그의 존재는 화자가 언급하든 하지 않든 간에 언제든지 등장할 준비가 된 상태로 작가의 의식 속에 잠재해 있었던 것으로 보아야 할 것이다. 현대의

---

33) "연금술사 선생, 내 친구, 나의 아카테스여."(『제4서』, 20장, 138-139쪽).

34) "나는 눈과 얼음을 깨끗한 짚에 싸서 보관하듯이, 몇몇 유쾌한 말들을 기름 속에 저장하려고 했다. 그렇지만 팡타그뤼엘은 그렇게 하는 것을 원하지 않았는데, 유쾌한 말들처럼 선량하고 쾌활한 모든 팡타그뤼엘리스트들 사이에서 결코 부족한 일이 없고, 언제나 수중에 지니고 있는 것을 저장하려는 것은 어리석은 짓이라고 말했던 것이다."(위의 책, 56장, 274쪽).

서사학 이론에는 맞지 않지만 팡타그뤼엘 연작의 작중인물 겸 화자로서 라블레 소설의 분위기에 걸맞는 이야기꾼은 언제나 알코프리바스일 수밖에 없다는 것이 작가의 판단이었다고 여겨진다.

일인칭 화자로서 알코프리바스는 『제3서』에 두 번 모습을 나타내는데, 첫 번째는 팡주의 무녀를 방문했을 때이고,[35] 그 다음은 탈라사 항구에서 출항 준비를 하면서 팡타그뤼엘의 이름을 딴 신비한 풀을 배에 잔뜩 싣는 것을 목격했다는 보고를 할 때이다.[36] 사실 목격한 사실의 간단한 보고에 지나지 않는 이 예들을 제외하면 『제3서』에서 알코프리바스가 작중인물이나 화자로 모습을 나타내는 경우가 없기 때문에 그의 존재가 이야기에서 거의 완벽하게 사라졌다고 해도 좋을 정도이다.

『제4서』에서도 시작 부분에 나오는 팡타그뤼엘의 수행원 명단에 알코프리바스의 이름이 빠져 있는 것은 이 여행에서 등장인물로서의 그의 역할이 크지 않을 것임을 예고한 것이라고도 볼 수 있다.

"팡타그뤼엘은 (초대 교회 시절에 성스러운 기독교인들이 지켰던 찬양할 만한 관습대로) 아들과 일행의 순조로운 항해를 위하여 진심으로 기도하는 선한 가르강튀아 부왕에게 하직 인사를 드렸다. 그는 파뉘르주, 장 데 장토뫼르 수도사, 에피스테몽, 짐나스트, 외스텐, 리조톰,

35) "그러고 나서 나는 그녀가 (우리가 나막신이라고 부르는) 에스클로 한 짝을 벗고, 마치 사제들이 미사를 드릴 때 흰 천을 목에 두르듯이 앞치마를 머리에 쓰는 것을 보았다."(『제3서』, 17장, 115쪽).

36) "다른 여러 가지 물건들 중에서 나는 그가 자신의 이름을 딴 팡타그뤼엘리옹 풀을 마르지 않은 생것 그대로, 그리고 같은 양만큼 절여서 저장한 상태로 잔뜩 싣게 하는 것을 보았다."(위의 책, 49장, 277쪽).

카르팔랭과 전부터 그를 모셔온 다른 신하들과 하인들을 대동하고 탈라사 항구에서 항해에 나섰다."[37]

"다른 신하들과 하인들" 중에 알코프리바스가 포함되어 있는 것으로 생각할 수도 있겠지만, 그렇다고 하더라도 인물로서 그의 중요도가 그만큼 높지 않다고 작가가 판단한 것은 틀림없어 보인다. 화자로서의 그의 존재 역시 도입부에서는 나타나지 않고 이야기는 계속 삼인칭으로 진행된다. 그러다가 2장 메다모티 섬에서 여러 가지 신기한 물건들을 사는 대목에서 처음으로 알코프리바스는 이야기 속에 개입해서 자신의 존재를 확인시킨다.

"나는 그것(카멜레온)이 이렇게 색 있는 물건에 다가갈 때뿐 아니라 공포나 느끼는 감정에 따라 스스로 색을 바꾸는 것을 보았다. 여러분이 인도 닭의 벼슬이 감정에 따라 색이 달라지는 것을 보듯이, 그 동물이 초록색 융단 위에서는 확실하게 초록색으로 변하고, 시간이 지남에 따라 차례로 노란색, 푸른색, 갈색, 보라색으로 바뀌는 것을 보았다. 특히 우리가 순록에 대해서 놀랍다고 생각한 것은 근처에 있는 물건이 어떤 것인지에 따라서 머리와 피부뿐 아니라 털 전체가 그런 색을 띠게 된다는 점이었다."[38]

이 예문에는 서로 다른 두 가지 층위의 이야기가 섞여 있는데, 알코프리바스가 과거에 목격한 적이 있었던 몸 색깔이 변하는 카멜레온에 관해

---

37) 라블레, 『팡타그뤼엘 제4서』 1장, 57쪽.

38) 위의 책, 2장, 64-65쪽.

서 독자와의 대화를 통해 설명하는 부분과 사건 차원에서 메다모티 섬에서 팡타그뤼엘 일행과 함께 순록을 관찰한 이야기가 그것이다. 또한 이 두 가지 이야기에 각각 다른 일인칭 대명사가 사용되는 것에도 주목할 필요가 있다. 카멜레온에 관한 설명에는 '나(je)', 순록을 관찰한 이야기에는 종전에 볼 수 없었던 '우리(nous)'라는 복수 일인칭 대명사가 사용되는 것이다. 이후로 팡타그뤼엘 일행의 여행에 관한 보고에는 규칙적으로 복수 일인칭대명사가 사용되는 것을 볼 수 있다. 팡타그뤼엘의 수행원으로서의 알코프리바스의 존재를 추후에 확인해준 셈이다. 그렇다고 해서 '나'라는 단수 인칭대명사가 완전히 사라지는 것은 아니다. 같은 일인칭 대명사라고 하더라도 '우리'는 '나'와 용법에서 차이가 나기 때문이다. 뷔토르가 지적한 대로, '우리'라고 지칭되는 집단 내에서도 '나'는 언제든지 같은 구성원 중의 다른 사람과 교대될 수 있다는 점에서[39] 개인적인 시각이나 의견을 제시하기에는 적절치 않은 것이 '우리'라는 인칭대명사의 특징이다. 이 때문에 많지는 않지만 "나는 보았다"(je veids), "생각이 들었다"(Là me vint en pensement que) 식으로 개인적 확인이나 판단에 필요한 경우에는 여전히 알코프리바스 자신을 가리키는 '나'라는 인칭대명사가 같이 사용되는 것을 볼 수 있다.

"이틀 뒤에 우리는 뤼아크 섬에 상륙했는데, 황소좌의 별을 두고 여러분에게 맹세하건대, 주민들의 처지와 생활 방식은 내가 말하는 것보다도 더 이상하게 생각되었다."[40]

---

39) Michel Butor, *Répertoire II*, Editions de Minuit, 1964, 71쪽.

40) 라블레, 『팡타그뤼엘 제4서』, 43장, 220쪽.

이 같은 일인칭대명사의 분할은 환상적 여행기라는 작품의 성격과 무관하지 않은데, 알레고리적 성격이 강한 『제4서』와 『제5서』의 환상의 섬들에 관한 에피소드에서 일인칭 화자가 행동을 주도하거나 독자에게 알레고리의 의미를 스스로 설명하는 경우 알레고리 설정의 효과를 살리기 힘들어지므로 되도록 증인이나 목격자로 역할을 제한하고 화자의 직접 개입 없이 사건을 진행시키기 위한 수단으로써 사용되는 인칭대명사가 '우리'라 할 수 있다.[41] 그것은 '우리'라는 인칭대명사가 '나'의 단순한 확장이 아니라 화자와 작품세계 사이의 심리적 거리감을 아울러 보여주는 것이기 때문이다.

화자의 서술이 주로 '우리'라는 인칭대명사를 중심으로 진행됨에 따라 초기의 작품들에서 볼 수 있었던 바와 같이 이야기 안과 밖을 넘나들며 이야기꾼으로서의 개성적인 면모를 과시하던 알코프리바스의 존재는 『제3서』 이후로 파뉘르주의 결혼을 둘러싼 문답과 신성한 술병의 신탁을 받으러 떠난 여행기에서는 찾아볼 수 없게 되는데, 그 공백을 메우는 것이 바로 인물들의 대화, 그리고 급격히 늘어나는 이차적 이야기들이라 할 수 있다. 이야기 밖에서 화자와 독자 사이에 진행되던 대화가 소설 공간 속으로 자리를 옮겨 공통된 주제에 관해서 의견을 주고받는 인물들 사이의 대화와 임시로 화자의 역할을 맡는 인물들이 차례로 들려주는 이차적 이야기들로 대체되는 것이다. 이 같은 서술방식의 변화는 라블레 소설이 발표되던 시기가 프랑스에서 단편집들의 전성기(1535~1555)

41) René Démoris, *Le Roman à la première personne*, Armand Colin, 1975, 46쪽 참조.

에 해당한다는 사실[42]과 무관하지 않아 보인다. 소설다운 소설의 모델이 아직 존재하지 않았던 당시의 상황에서 기사도 소설과 연대기 같은 초기 작품들의 모델을 대체하는 것과 동시에 작가의 현실 인식과 지적 성찰을 담아낼 만한 새로운 소설의 구상에 당시 유행하던 단편집들이 상당히 큰 영향을 미쳤다는 것을 『제3서』 이후에 나타나는 작품의 구성과 서술 방식의 변화에서 확인할 수 있기 때문이다. 이처럼 라블레 소설은 현실과 동떨어진 환상의 세계를 다루는 것 같이 보이지만 기실은 작가가 처해 있던 시대적 상황과 밀접히 관련된 것이라는 사실이 작품의 내용뿐 아니라 형식적인 측면에서도 입증될 수 있다는 점에서 서사시적 거리에 의해서 현실세계와 분리되는 서사시나 비극 같은 고전문학의 장르들과 달리 소설로 정의될 수밖에 없는 근거를 여기에서도 다시 한 번 확인하게 된다.

3) 작가의 정체성 - 『제5서』의 진위 문제

『제5서』가 라블레의 작품이 맞는가 하는 문제를 두고 벌어진 논쟁은 출간 당시부터 지금까지 끊이지 않고 계속되고 있다. 그렇다고 결론을 내리지 않고 넘어갈 수도 없는 문제여서 라블레 연구자라면 누구나 어떤 식으로든 정리할 필요를 느끼게 마련인 것이 『제5서』의 진위 문제이다. 잘 알려진 바와 같이 이 문제의 발단은 작가의 사망연대로 추정되는

42) Gabriel Pérouse, 앞의 책, 100-102쪽 참조.

1553년보다 9년이 지난 후인 1562년에 부분판인 『종소리 나는 섬』(*L'Isle Sonante*)이 세상에 나왔고, 1564년에 이르러서야 완결판 격인 『제5서』(*Le Cinquiesme Livre*)가 출간되었기 때문이다.[43] 그리고 이외에도 프랑스국립도서관에 소장되어 있는 필사본(BN, ms, fr.2156)이 있다. 더군다나 이 세 가지 판본이 서로 상당히 차이가 난다는 데서 문제는 더욱 복잡해진다. 『종소리 나는 섬』은 16장에 불과한데 비해서, 『제5서』는 47장으로 우선 양에서 차이가 많이 나고, 서문의 일부와 46장으로 구성되어 있는 필사본은 『제5서』의 23장과 24장이 빠진 대신 "등불나라의 귀부인들은 어떻게 식사시중을 받았는가"라는 제목으로 흔히 32장 2부(bis)라고 불리는, 다른 판본에는 없는 별개의 장이 들어 있다. 책의 제작 시기는 『종소리 나는 섬』, 필사본, 『제5서』 순인 것으로 추정된다.[44] 판독의 오류, 오기(誤記), 빠진 부분 등을 고려하면 이 판본들이 공통적으로 참조했던 원고 형태의 원본이 존재했을 것이라는 추측이 가능하지만, 그렇다고 편집자들 사이에서 공동 작업이 이루어진 것 같지는 않다. 필사본에서 판독이 안 되는 단어나 표현을 공백으로 남겨두거나 줄을 긋고 수정한 부분이 있는 것으로 미루어볼 때 필사 작업에서 다른 판본을 참조하지 않은 것은 분명해 보인다. 그리고 『제5서』는 다른 판본보다 수정·보완된 부분이 더 많은 것으로 보아 제일 나중에 출판되었을 것으로 여겨진다.

『제5서』의 진위 문제를 가리기 위한 작업의 일환으로 주관적 판단이

43) 『제5서』와 관련된 역사적 사실에 관해서는 졸고, "『제5권』의 진위문제 연구" 『불어불문학연구』, 제23집, 1988, 157-158쪽을 참고할 것.

44) Mireille Huchon, *Rabelais grammairien, De l'histoire du texte aux problèmes d'authenticité, Etudes rabelaisiennes,* 제16집(1961), 417쪽.

크게 작용할 수밖에 없는 전통적인 인상 비평의 방식으로는 문제 해결이 어렵다는 생각에서 과학적 근거를 마련하기 위한 수단으로 통계 분석 방법을 이용한 연구들이 주목을 받기도 했다. 페트로시언(Petrossian)은 작가의 개인적 어법과 관련된 부사, 접속사, 숫자, 구문 등 25개의 '라블레 지표 목록'(Rabelais Indicator Index)[45]을 만들어 『제5서』와 같은 시기에 출판된 다른 세 작품들[46]을 함께 컴퓨터로 평균 빈도수를 조사하는 방법을 사용함으로써 『제5서』의 정통성을 과학적으로 입증했다고 주장한다. 한편 플레이아드 판 라블레 주석본을 편찬한 위송(Huchon) 역시 그의 박사학위 논문에서 라블레 작품의 철자법 체계와 구두점, 그리고 몇몇 부정사(point, mie, rien, personne, aucun, nul) 같은 문법적 요소들의 빈도수와 용례를 조사하는 방법을 사용해서 『제5서』가 다른 팡타그뤼엘 연작의 작품들과 동일한 문법적인 특징을 갖고 있다는 점을 밝혔다.[47] 전반적인 결론에 있어서 이들의 통계분석 방법론은 타당성이 있어 보인다. 그런데 이 같은 방법론의 경우도 분석 결과 자체는 아니더라도 그 결과를 해석하는 방법에서는 주관성이 개입될 여지가 있다는 점에서 전통비평과 다름없는 한계가 있다는 지적을 받기도 한다.

출판년도, 문법 체계 같은 객관적 근거에 의한 검증만으로 문제가 완전히 해결되지 못한다면, 그 대안으로 작품의 구성과 서술방식 등의 형식적

---

45) George A., Petrossian, "The Problem of the Authenticity of the *Cinquiesme Livre* de Pantagruel : A Quantitative Study" in *Etudes rabelaisiennes*, 제13집(1976), 1-64쪽 참조.

46) 작자 미상의 대중소설 *Les Navigations de Panurge*, Bonaventure des Périers의 *Nouvelles récréations et joyeux devis*, Noël du Fail의 *Propos rustiques*가 그 대상이다.

47) Mireille Huchon, 앞의 책.

측면에 초점을 맞춘 텍스트 분석이 주관적일 수밖에 없는 인상비평의 약점을 보완해줄 수 있으리라는 것이 우리의 판단이다. 특히 『제5서』는 팡타그뤼엘 연작의 다른 작품들과 비교했을 때 작품의 스타일에서 많은 차이가 나타나기 때문에 이 같은 형식적 분석방법이 효과적일 수 있다. 『팡타그뤼엘』과 『가르강튀아』에 비해서 『제3서』 이후에 이미 이야기의 진행방식에 있어서 큰 변화가 있었던 것이 사실이지만, 『제5서』의 경우는 같은 여행기인 『제4서』와 비교해보더라도 그 차이가 확연히 드러난다.

차이점으로 우선 에피소드의 차용 문제를 지적할 수 있다. 『제5서』에는 당시의 작자 미상의 대중소설 『팡타그뤼엘의 제자』와 이탈리아 작가 프란체스코 콜로나의 『폴리필의 꿈』에 나오는 에피소드들이 주로 차용되었는데, 특히 후자의 경우 무도회 형식으로 진행되는 체스 게임 장면과 신성한 술병의 신탁소에 있는 환상의 샘에 대한 묘사는 비슷한 부분이 상당히 많다. 다른 작품에서 에피소드를 차용하더라도 원작과는 전혀 다르게 재창조하는 변형 과정을 거쳐 그의 작품세계에 통합시키는 라블레의 뛰어난 상상력과 언어 구사능력을 감안한다면 이해가 가지 않을 만큼 달라진 모습이다. 그리고 다른 작가들의 작품을 차용한 것 말고도 기존의 팡타그뤼엘 연작과 겹치는 부분들도 눈에 띈다. 특히 1564년판 『제5서』의 서문은 『제3서』와 『제4서』의 1548년판의 서문과 부분적으로 일치하고 구조나 주제상으로도 공통점이 많다는 점에서 논란의 여지가 있다.

이보다도 더 결정적인 차이는 서술방식과 어조가 크게 달라진다는 점이다. 『가르강튀아』나 『팡타그뤼엘』에 비해서 『제3서』와 『제4서』에서 등장인물들이 서로 돌아가며 들려주는 단편적 일화의 수가 급격히 증가했던 것과 달리, 『제5서』에서는 파뉘르주가 들려주는 군마(軍馬)와 당나귀 이야기를 제외하고는 삽입된 이차적 이야기가 완전히 사라져버리고 이와 동시에 인물들의 대화 역시 그 비중이 크게 줄어드는 것을 볼 수 있다. 그리고 『제4서』와 마찬가지로 작중인물 겸 화자인 알코프리바스가 팡타그뤼엘 일행의 여행에 동행한다는 설정이 그대로 유지되고 있으므로, 서술은 주로 중립적인 복수 일인칭대명사 '우리' 중심으로 진행되고, 경우에 따라 개인적 시각이 드러나는 '나'가 등장하기도 하는데, 앞서의 작품들에 비해서 상황 묘사 위주의 단조롭고 반복적인 서술이라는 인상을 주는 것이 사실이다.

또한 화자의 문제에 있어서 『제5서』에 나타나는 뚜렷한 변화는 작중화자가 빈번하게 등장인물들의 대화에 참여한다는 데 있다. 이전의 팡타그뤼엘 연작의 작품들에서 작중화자가 등장인물들과 대화를 갖는 경우는 『팡타그뤼엘』에서만 볼 수 있었기 때문에 이러한 변화는 더욱 주목할 만한 것이다.

"이렇게 해서 우리는 벽에 회반죽을 바른 아치형 통로를 통하여 지하로 내려갔다. 그 바깥쪽에는 춤추는 여인들과 당나귀를 타고 사티로스들과 함께 웃고 있는 늙은 실레누스의 모습이 투박하게 그려져 있었다. 그곳에서 내가 팡타그뤼엘에게 말했다. "이 입구가 제게 세상에서 제일 가는 도시에 있는 채색된 지하 술창고를 생각나게 하는군요. 그곳도 여기처럼 서늘하고, 비슷한 그림이 그려져 있으니까요.

– 자네가 말하는 (팡타그뤼엘이 말했다) 세상에서 제일 가는 도시라는 곳이 어디인가?

- 투렌 지방에 있는 (내가 말했다) 시농 또는 카이농이라는 곳이지요."[48]

이처럼 『제5서』에서 작중화자가 직접 인물들의 대화에 끼어들게 되면서 주요 등장인물들의 역할을 더욱 축소시키는 결과를 가져온다. 팡타그뤼엘 연작, 그중에서도 특히 『제3서』와 『제4서』에서 대화에 활기를 불어 넣으며 희극적 상황으로 이끌어가는 데 주도적 역할을 담당하던 파뉘르주와 장 수도사마저도 『제5서』에서는 별 활약상을 보이지 못한다. 이 같은 변화가 나타나는 것은 환상의 섬들을 방문하는 동일한 구도의 여행기인데도 글로제르가 지적하듯이 『제4서』와는 달리 등장인물들의 말을 통한 참여가 이루어지지 않기 때문이다.[49] 『제5서』에서는 팡타그뤼엘과 파뉘르주, 장 수도사 같은 중심인물들을 제외하고는 에피스테몽의 이름이 드물게 언급될 뿐 다른 인물들은 거의 자취를 감추고 마는 것도 각자 자신의 생각과 의견들을 서로 주고받던 대화의 장이 사라진 데서 나타나는 변화라 할 수 있다. 『제5서』의 서술방식의 변화는 이전의 라블레 작품에서 이야기의 진행을 나누어 맡았던 화자와 등장인물들의 관계가 완전히 달라진 결과로서 작품의 내용이나 시기적으로 근접한 『제4서』와 비교해보더라도 큰 차이를 확인할 수 있다. 겉으로는 『제4서』의 연장 같아 보이지만 『제5서』의 여행기는 전작과는 달리 말의 여행기로서의 다양성과 생명력을 상실하고 만 것이다.

이 같은 이야기의 구성과 서술방식의 차이보다 더욱 주목할 만한 것은

48) Rabelais, 앞의 책, 34장, 810쪽.

49) Alfred Glauser, 앞의 책, 115쪽.

기존의 라블레 소설에 익숙한 독자라면 그 차이를 금방 느낄 정도로 전체적인 어조가 신랄하고 공격성을 띠면서 라블레 특유의 즐거운 웃음의 세계를 더 이상 찾아보기 힘들어진다는 점이다. 드메르송(Demerson)은 "이전까지 팡타그뤼엘의 동료들의 답변에서 보지 못했던 단호함과 과격함, 조잡하고 무미건조한 연결, 지루한 묘사, 지나치게 단순하거나 솔직히 이해가 불가능한 알레고리의 용법이 서술과 대화에 짜증스럽고 음울한 어조를 띠게 하는 것"[50)]이 『제5서』에 나타나는 주요한 변화라고 지적한다.

이러한 사정을 감안한다면, 요즈음 라블레 학계의 동향을 존중해서 『제5서』의 라블레와의 관련성은 인정하더라도, 적어도 작가가 생전에 직접 완성한 작품이 아니라 제삼자에 의한 편집과정을 거쳐 출판되었다는 것이 분명한 사실인 이상, 종래의 라블레 작품에 비해 생경하거나 어색하게 느껴지는 부분에 대해서는 작가가 직접 집필한 것이 아닐 가능성을 염두에 두고 검토해 볼 필요는 충분히 있다. 이렇게라도 하지 않으면, 이것이 과연 라블레 작품인지 의심스러운 부분에 대해서 세네앙처럼 노쇠의 기미가 나타난 탓[51)]으로 돌리는 궁색한 변명을 찾아야 할지도 모르기 때문이다.

『제5서』가 전적으로 라블레가 쓴 작품이 아니라는 증거는 각장의 연결방식에서도 확인할 수 있다. 예를 들어 1장과 10, 11장의 첫머리를 비교해 보면 세 가지 이본(variantes)의 시작 부분이 서로 다른 것을 알 수 있다.

---

50) Guy Demerson, *Rabelais*, Fayard, 1991, 138쪽.

51) L. Sainéan, *Problèmes littéraires du seizième siècle*, Paris, 1927, Richard Cooper, "L'authenticité du *Cinquiesme Livre* : Etat présent de la question", *Etudes rabelaisiennes*, 제40집(2001), 14쪽에서 재인용.

우선 『종소리 나는 섬』 1장의 첫 부분은 흥미롭게도 『제4서』의 2장과 5장을 합쳐놓은 것이다.

"이 날과 그 후 이틀 동안은 육지가 나타나지 않았고 그들에게 어떤 새로운 일도 일어나지 않았다. 전에도 이 항로를 따라간 적이 있었던 것이다. 나흘 째 되는 날, 적도에서 멀어져 북극을 선회하다가 우리는 육지를 발견했다. 우리 배의 선장은 이곳이 트리프 섬이라고 우리에게 알려주었다. 멀리서 반복적으로 소란스러운 소리가 들렸는데, (...)"[52]

"이 날과 그 후 이틀 동안은 육지가 나타나지 않았고 그들에게 어떤 새로운 일도 일어나지 않았다. 전에도 이 항로를 따라간 적이 있었던 것이다. 나흘 째 되는 날, 그들은 캐나다보다 작지 않은 메다모티라는 이름의 섬을 발견했는데, (...)"[53]

"닷새 째 되는 날, 벌써 적도에서 멀어져 북극을 선회하다가 우리는 좌현 쪽에서 우리를 향해서 오고 있는 상선을 발견했다."[54]

『종소리 나는 섬』에 비해서 1564년판 『제5서』 1장의 시작 부분은 더 간단하게 처리되어 있다.

"항로를 유지하며 우리는 사흘 동안 항해를 계속했지만 아무 것도 발견하지 못했다. 나

52) Rabelais, *Le Cinquiesme Livre*, Appendices, 앞의 책, 843쪽.

53) 라블레, 『팡타그뤼엘 제4서』, 62쪽.

54) 위의 책, 74쪽.

흘 째 되는 날, 육지를 발견했는데 우리 배의 선장은 그곳이 종소리 나는 섬이라고 우리에게 알려주었다. 멀리서 반복적으로 소란스러운 소리가 들렸는데, (...)[55]

필사본의 1장 시작 부분은 앞의 두 판본에 비해서 훨씬 짧고 별 내용이 추가된 것 없이 최소한의 연결에만 신경을 쓴 것으로 보인다.

"배를 타고 바다로 나가 순풍에 여러 날을 항해했을 때, 멀리서 반복적으로 소란스러운 소리가 들렸는데, (...)"[56]

세 가지 판본의 1장 도입부를 서로 비교해보면, "멀리서 반복적으로 소란스러운 소리가 들렸는데"라는 대목에서부터는 내용이 대부분 일치하는 것으로 보아서 이 판본들이 공통적으로 참고한 원본이 어떤 형태로든 존재했던 것으로 여겨진다. 그러나 세 가지 이본의 시작 부분에 중복되는 내용이 없고 표현 역시 완전히 다르다는 것, 특히 『종소리 나는 섬』의 경우 『제4서』의 2장과 5장의 시작 부분을 적당히 조합해서 사건의 도입부로 삼았다는 것은 원본에 1장의 첫머리에 해당하는 부분이 빠져 있어서 각 판본의 편집자들이 기존의 라블레 작품에서 임의로 필요한 부분을 가져와서 책을 완성했던 것으로 보인다. 결국 텍스트를 편집하는 과정에서 라블레가 아닌 다른 작가 또는 편집자가 에피소드들 사이의 자연스러운 연결을 위해서 필요한 최소한의 내용을 추가하는 선에서 도입부를 별도

---

55) Rabelais, 앞의 책, 729쪽.

56) 위의 책, 875쪽.

로 구성한 결과, 판본에 따라 그 내용이 서로 달라지게 된 것으로 추측해 볼 수 있다.

판본에 따라 도입부가 달라지는 것 말고도 문맥상으로 의미 파악이 제대로 되지 않을 정도로 논리적 비약이나 엉뚱한 비유, 불분명한 암시 등 이야기의 진행에서 일관성이 결여된 부분이 종종 눈에 띄는 것도 『제5서』가 다른 팡타그뤼엘 연작과 다른 점이다. 간단한 예로 16장 "우리는 어떻게 우트르를 지났는가, 그리고 파뉘르주가 어떻게 그곳에서 살해당할 뻔 했는가"를 보면 제목과는 달리 정작 파뉘르주가 죽을 고비를 넘기는 이야기는 전혀 나오지 않는다. 제목과 내용이 일치하지 않는다는 것은 따로 씌어진 서로 다른 원고를 합친 결과로 볼 수밖에 없을 것이므로 『제5서』가 편집과정을 거쳐 제작된 책이라는 사실을 입증해주는 확실한 근거가 되는 셈이다. 이처럼 편집과정에서 오류가 생기거나 서로 다른 이본들이 적지 않게 발견되는 것은 많은 라블레 연구자들이 추정하는 대로, 설령 『제5서』의 원본이 실제로 존재했었다고 하더라도 매우 불완전한 상태였기 때문일 것이다. 완성된 원고 형태라기보다는 창작 노트처럼 작품에 대한 구상을 간단히 적어 놓은 부분도 적지 않았을 것으로 짐작된다. 현존하는 세 가지 판본의 다양한 이본들을 비교해보면, 원본에 각 장의 구분이 불분명하거나 비어 있는 곳, 판독이 잘 안 되는 부분, 그리고 어디에 배치할지가 애매한 부분 등이 있었을 것이고, 따라서 책으로 제작하기 위해서는 편집자나 다른 작가가 어떤 식으로든 개입해서 장을 나누고 연결이 제대로 되지 않거나 빠진 부분 등을 독자적 판단에 의해서 적당히 메꾸는 식으로 필요한 보완 작업을 하지 않을 수 없었을 것으로 여겨진다.

『제5서』에 나타나는 변화 중에서 가장 두드러지는 특징으로 많은 비평가들이 지적하는 것은 팡타그뤼엘 연작의 다른 작품들에 비해서 풍자가 매우 신랄하고 직설적이며 또한 공격성을 그대로 드러낸다는 점이다. 『제5서』의 전체적 구성을 살펴보면, 순서대로 종소리 나는 섬(1~8장), 샤 푸레들의 대공인 그리프미노가 지배하는 기셰 섬(11~15장), 캥트 에상스 여왕의 왕국(18~24장), 모든 질문에 단음절로 대답하는 프르동 수도사들이 사는 에스클로 섬(26~28장), 등불나라(31~32장), 그리고 신성한 술병의 사원(33~47장) 등의 에피소드들이 길이로 보나 사건의 중요성으로 보나 기본 줄거리를 이루고 있고, 중간 중간에 나오는 단편적인 에피소드들, 페르망 섬(9장), 카사드 섬(10장), 우트르(16장), 좌초(17장), 오드 섬(25장), 사탱 나라(29~30장) 등 여행 중에 일어난 사건과 짧게 방문한 섬들에서 관찰한 기이한 풍물 묘사 등이 삽화적으로 곁들여진다. 이 중에서 풍자적 성격이 가장 강한 에피소드는 1562년에 따로 출판되었던 16장까지의 에피소드, 즉 가톨릭 교회의 성직자들을 수도사새, 사제새, 신부새, 주교새, 추기경새, 교황새 등 종류별로 생김새와 행동거지가 다른 새들에 비유한 종소리 나는 섬과 사법 관리들을 털가죽을 뒤집어쓴 탐욕스러운 고양이들에 비유한 기셰 섬에 관한 것이다.

『제5서』에서 가톨릭교회와 사법부에 대한 직설적 비판에서는 대립과 갈등을 웃음으로 풀어내는 라블레 특유의 해학과 여유를 찾아보기 힘들다. 장 수도사는 종소리 나는 섬의 새들에 대해서 "여기서 이 악마 같은 새들을 보고 있노라면 우리는 신성모독적인 말을 할 수밖에 없게 된다"[57]고 울분을 토한다. 그리고 팡타그뤼엘 일행과 동행하는 알코프리바스가 기세 섬의 샤 푸레들에 대해서 "그것들은 설령 똥 투성이라 하더라도 전대 속에 에퀴 금화가 잔뜩 들어있기만 하다면 모욕과 불명예 따위는 개의치 않는다"[58]고 다른 인물의 입을 빌릴 것 없이 스스로 나서서 신랄하게 비판할 정도이다. 다른 에피소드들이 주로 신성한 술병의 신탁을 받으러 가는 여정과 관련된 것이거나 일부는 『팡타그뤼엘의 제자』와 『폴리필의 꿈』에서 차용한 것과 달리, 이 두 에피소드는 작가가 미리 작심을 하고 준비한 듯이 일관되게 알레고리를 이용해 공격대상으로 삼은 집단의 구성원들을 흉물스럽고 도덕적으로 타락한 동물의 수준으로 비하시키는 데 목적을 둔 것으로 보인다. 그리고 위의 예문들에서도 알 수 있듯이, 풍자라기보다는 표적을 겨냥한 의도적 공격이라고 해야 할 만큼 신랄하고 과격한 어조로 증오의 감정을 그대로 드러내고 있는 것이다.

글로제르는 『제5서』 이전의 라블레의 풍자가 공격성을 띠지 않았던 것에 비해서 『제5서』에서 달라진 과격한 어조를 지적하면서, "『제5서』에서 느끼게 되는 신랄함과 가혹함, 그리고 격렬한 인상이 열등한 글쓰기의 특징들" 탓이 아닌가 하는 물음을 던진다.[59] 사실 사람이 바뀌었다는 인상을 줄 만큼 『제5서』에서 풍자의 어조가 완전히 달라지는 이유를 설명하기는 쉽지 않다. 『제5서』의 저자가 이처럼 직접 가톨릭교회와 사법부

57) Rabelais, 앞의 책, 8장, 745쪽.

58) 위의 책, 759쪽.

59) Alfred Glauser, 앞의 책, 95쪽.

를 상대로 투쟁을 전개하기로 작정하게 만든 결정적 계기가 될 만한 사건은 알려진 것이 없다. 교황에 대한 직접적인 비판으로 읽을 수 있는 부분이 여러 군데 들어 있다는 것을 근거로 『제5서』의 저자가 신교도일 것이라고 추측하기도 하는데, 이 역시 구체적인 근거가 부족하다.

풍자의 공격성과 함께 글로제르가 제기한 글쓰기 능력의 수준 차이도 검토해볼 만한 문제이다. 사실 『제5서』에는 팡타그뤼엘 연작의 다른 작품들에서 이미 사용한 구문이나 표현이 거의 그대로 다시 사용되는 경우가 종종 눈에 띈다. 그리고 23장에서 24장까지 계속되는 체스 경기 방식으로 진행되는 무도회는 프란체스코 콜로나의 『폴리필의 꿈』에 나오는 에피소드를 거의 그대로 옮겨놓은 것인데, 특히 문제는 연속적으로 세 번 벌어지는 시합 장면이 세부적인 부분까지 자세히 단조롭게 반복적으로 묘사된다는 점이다. 라블레 특유의 순발력과 입심, 그리고 이야기의 신속한 전개 등을 감안한다면, 이처럼 이전의 책에 나왔던 묘사를 일부러 찾아 다시 사용하거나, 차용을 하는 경우 번역에 가깝다는 지적이 나올 만큼 원작을 변형시키지 않고 거의 그대로 옮긴다는 것은 상상하기 힘든 일이다. 물론 무도회에 관한 에피소드는 원작보다 오히려 길이가 길어졌으므로 번역이라고 할 것까지는 없겠으나, 체스 경기에서 여러 종류의 말의 움직임에 관한 상세한 묘사는 원작을 그대로 모방한 듯한 인상을 주는 것이 사실이다. 『제4서』까지 라블레가 다른 작품에서 차용했던 많은 에피소드들과 비교해보았을 때 『폴리필의 꿈』과 관련된 무도회 장면과 신성한 술병의 신탁소에 있는 환상의 샘에 대한 묘사는 작가 특유의 기발한 상상력과 말솜씨가 전혀 발휘되지 못했다는 점에서 과연 라블레가 쓴 작품이 맞는지 의아하게 여겨진다. 무도회 장면에서 라블레라면 적어도 이렇게 장황하고 지루하게 같은 묘사를 세 번씩 반복하지는 않았으리라고 판단되기 때문이다.

반면에 모든 질문에 대해서 단음절로 대답하는 프르동 수도사에 관한 에피소드는 라블레다운 재치가 돋보이는 부분이라 할 수 있다. 수도사들의 일상에 관한 엉뚱하고도 외설적인 문답이 131개나 계속되는데, 그중에는 좀 억지스러운 부분이 없지 않으나 그래도 계속해서 단음절로만 답을 이어나가는 재치에는 감탄하지 않을 수 없다. 이와는 반대로 작가는 재미있게 쓰려고 애를 쓴 것같이 보이지만 실제로는 전혀 희극적이지 않은 상황이 간혹 벌어지기도 한다. 앞에서도 언급했듯이, 9장 "우리는 어떻게 페르망 섬에 상륙했는가"의 마지막 부분이 이 같은 희극적 글쓰기의 대표적 예라 할 수 있다.

"우리들 배로 돌아오면서, 나는 무엇인지 알 수 없는 덤불 뒤에서, 누구인지 알 수 없는 사람들이, 무엇인지 알 수 없는 짓을 하면서, 어디에서 어떤 방식으로 얻은 것인지 알 수 없는, 무엇인지 알 수 없는 철제 연장들을 어떻게 하는 것인지 알 수 없게 벼리는 것을 보았다."[60]

작가는 한 문장 속에 "무엇인지 알 수 없는"(je ne scay quel)이라는 표현을 일곱 번이나 반복적으로 사용하는 기교를 발휘하여 희극적 효과를 기대한 것으로 보이나, 이같이 억지로 짜 맞춘 듯한 인상을 주는 글쓰기로는 독자의 자발적인 웃음을 이끌어낼 수 없고 오히려 짜증스럽게 만

60) Rabelais, 앞의 책, 747쪽.

들 뿐이다. 글로제르가 지적하는 "억지로 만들어낸 유머"[61]의 전형적인 예라 할 수 있다. 기상천외의 상상력에 거칠 것 없는 자유로움과 활달함을 특징으로 하는 라블레의 희극적 글쓰기 방식과 비교해보면 그 수준차가 너무도 분명해 보인다.

라블레다운 글쓰기 방식이다, 아니다 하는 논란에서 객관적 판정에 필요한 구체적 증거를 제시하지 못하고 다만 느낌만으로 판단하는 인상비평 방식은 분명히 한계가 있다. 그렇지만 라블레라면 적어도 이런 식으로 쓰지는 않았으리라는 식의 판단이 설득력이 떨어진다고 하더라도 평생을 라블레 연구에 바친 전문가들이 느끼는 직관적 판단이라면 객관적으로 검증이 되지 않는 사안이라 하더라도 억지 주장이 아닌 한 존중해 주어야 한다는 것이 우리의 생각이다. 『제5서』에는 개인에 따라 그 정도에 대한 판단은 차이가 나더라도 라블레가 쓴 것으로 믿기 힘든 부분들이 분명히 존재하기 때문이다.

『제4서』와 마찬가지로 환상의 섬들을 돌아다니는 여행기인 『제5서』에는 알레고리로 해석할 수 있는 부분이 많다. 가톨릭교회의 성직자들을 풍자한 종소리 나는 섬의 새들, 사법 관리들을 풍자한 샤 푸레들의 기셰 섬이 대표적인 예가 되겠고, 그 외에도 주사위 놀이의 악마들이 사는 카사드 섬, 길이 길을 가는 오데스 섬, 등불나라의 등들 같은 경우는 사물들을 의인화한 알레고리에 해당하는데 알레고리의 용법이 기계적이고 활기가 없다는 평가를 받기도 한다.[62] 게다가 신성한 술병의 신탁을 받으러

---

61) Alfred Glauser, 앞의 책, 144쪽.

62) François Moreau, *Un Aspect de l'imagination créatrice chez Rabelais, L'Emploi des images*, CDU et SEDES réunis, 1982, 115쪽.

가는 여정은 팡타그뤼엘 일행이 비교(秘敎)의 세계에 입문하는 과정이라 할 수 있으므로, 캥트 여왕의 왕국, 등불나라, 바크뷕 여제사장의 신탁소 등에서 행해지는 많은 의식과 그곳의 신기한 풍물들에 대한 묘사는 매우 환상적이고 상징성이 강한 듯한 인상을 준다. 그렇지만 당시의 연금술이나 신비주의 철학의 영향을 받아 전문적인 용어와 지식이 많이 동원되었다고 해서 반드시 심각한 의미로 해석해야 하는 것은 아니다. 『팡타그뤼엘의 예보』(*Pantagrueline Prognostication*)나 『제3서』에 나오는 일련의 예언 방식이 그러했듯이, 라블레 작품의 알레고리나 상징은 희극적 글쓰기라는 차원에서 이해할 필요가 있다.

"이 시간에 우리를 향하여 똑바로 탬버린을 잔뜩 실은 배가 다가왔는데, 그 속에서 나는 명문 출신의 몇몇 승객들을 알아보았다. 그들 가운데는 오랜 친구인 앙리 코티랄이 있었다. 그는 여인네들이 묵주를 차듯이 허리춤에 큼지막한 당나귀 자지를 달고 있었고, 왼손에는 머리피부병에 걸린 환자가 쓰는 크고, 두툼하고, 낡고 더러운 모자를 들고 있었다. 오른손에는 커다란 양배추속을 쥐고 있었다. 그는 첫눈에 나를 알아보고서 기뻐하며 외쳤다. "내가 가진 것이 보이나? 여기 이것이 (당나귀 자지를 보여주며) 진짜 알가마나라네. 이 박사모는 우리의 유일한 엘릭소이고, (양배추속을 보여주며) 이것은 루나리아 마요르라네. 우리는 자네가 돌아올 때 작업을 할 것이네."[63]

이 문맥에서 "알가마나, 엘릭소, 루나리아 마요르" 등의 연금술 용어가 어떤 의미를 지닌 것인지 굳이 알려고 애쓸 필요는 없다. 당나귀 자지를 허리

---

63) Rabelais, 앞의 책, 764쪽.

에 차고 낡고 더러운 모자와 커다란 양배추속을 손에 든 어릿광대가 제대로 된 연금술사로서 현자의 돌을 만들어낼 수 있으리라고는 아무도 기대하지 않을 것이기 때문이다. 실제로 『제5서』에 연금술과 비교의 제의(祭儀)에 관한 많은 설명과 묘사가 나온다고 하더라도, 물론 해당 분야에 관한 작가의 전문지식이 동원되지 않은 것은 아니겠으나, 그 자체가 어떤 심오한 의미를 전달하는 것으로 믿을 필요는 없다. 오히려 전문적인 용어들을 열거한 상세한 묘사가 만들어내는, 무엇인가 중요하고 그럴 듯한 일이 벌어지고 있다는 인상을 주는 것 자체에 더 큰 목적이 있는 것이 아닐까 싶기도 하다. 이러한 관점에서 본다면, 각각의 용어가 무엇을 가리키는 것인지, 어떤 상징적 의미를 지닌 것인지는 작가의 관심 밖의 일이고 설명할 수 있는 성질의 문제도 아닌 것은 분명하다.

"그러고 나서 그녀는 그에게 긴 외투를 입히고, 흰색의 끈 달린 멋진 모자를 머리에 씌우고, 히포크라스 포도주 여과용 깔때기로 감쌌는데, 그 끝에는 장식술 대신에 세 개의 작은 꼬챙이를 꽂았다. 그에게 옛날식 바지 앞주머니 두 개를 장갑처럼 끼게 하고, 백파이프 세 개를 같이 묶어서 허리에 두르고, 그의 얼굴을 세 번 앞서 말한 샘물에 담그고, 마지막으로 밀가루 한 줌을 얼굴에 뿌렸고, 닭의 깃털 세 개를 히포크라스 포도주 여과용 깔때기 오른쪽에 꽂고, 샘 주위를 아홉 바퀴 돌게 하고, 가볍게 세 번 멋진 도약을 시키고, 엉덩이를 일곱 번 땅바닥에 대게 했다. 그러면서 계속 에트루리아어로 무엇인가 알 수 없는 주문을 외우며, 곁에 있던 여사제들 중 하나가 들고 있던 제식서(祭式書)를 이따금씩 읽는 것이었다."[64)]

---

64) 위의 책, 830쪽.

여기서 중요한 것은 바크뷕 여제사장이 파뉘르주에게 구체적으로 어떤 동작을 몇 번 취하게 했고, 그때 어떤 도구들이 동원되었는가, 그리고 그런 의식이 어떤 상징적 의미를 띠는가 하는 것이 아니라 고대인들의 성대한 의식에서도 일찍이 행해진 적이 없었을 정도로 많은 의식이 파뉘르주가 신탁을 받기 전에 치러졌다는 사실이다. 자세한 묘사가 이어진다는 것은 그만큼 그 의식이 복잡하고 의미심장한 것이라는 점을 강조하는 것일 뿐 그 의식의 구체적 절차와 내용은 설명이 불가능한 무의미의 영역에 속한다.

표현 자체에 알레고리나 상징적 의미가 내포된 것도 아니면서 전후 문맥을 통해서도 논리적 연결 관계를 파악하기 힘든, 그야말로 엉뚱하다고밖에 할 수 없는 부분이 중간에 갑자기 끼어드는 것도 『제5서』가 다른 작품들과 차이가 나는 점이다.

"파뉘르주가 내 귀에 대고 이렇게 말했다. "친구, 이 첫 번째 접촉이 자네에게는 겁나지 않았나?

- 조금은 그랬다네. 내가 대답했다.

- 나도 (그가 말했다) 예전에 쉽볼렛이라고 말하는 대신에 십볼렛이라고 말했다가 길르앗 사람들에게 죽임을 당하고 물에 빠져 죽었던 에브라임의 병사들보다도 더 겁이 났었다네. 보스 지방에서는 모두들 입 다물게 하려고 내 똥구멍에 수레 한 대 분량의 꼴을 쑤셔 박지 않을 사람이 아무도 없었지."[65]

65) 위의 책, 767쪽.

파뉘르주는 『구약』 판관기에 나오는 고사(古事)를 예로 들어 자신이 얼마나 겁을 먹었는지를 설명하는 듯하다가 느닷없이 보스 지방에서 당했던 봉변에 관해서 언급하는데, 어떻게 앞의 사건과 연결이 되는 것인지 종잡을 수가 없다. 위숑의 주석에는 무엇에 대한 암시인지 파악하기 곤란하다는 단서와 함께 필사본에는 "보스 지방에서 모두들 입 다물게 하려고"(pour tous taire) 대신에 "보스 지방에서 사도좌 서기관이"(prothonotaire)라고 되어 있다는 설명이 덧붙여져 있지만,[66] 이해하기 힘들기는 매한가지이다. 이 같은 경우가 드메르송이 "솔직히 이해가 불가능한 알레고리적 용법"이라고 말했던 것에 해당하지 않을까 싶은 생각이 드는데, 작가가 당시에 있었던 어떤 사건을 빗대어 암시하려고 했던 것이라면, 이제 와서는 그 의미를 파악하는 것이 영원히 불가능해진 부분이라 할 수 있다. 그런데 문제는 라블레가 정말로 파뉘르주의 봉변 이야기를 언급할 생각이었다면, 특유의 기발한 상상력과 입심을 발휘해서 희극적 상황을 발전적으로 전개시키지 않고 과연 이런 식으로 사정을 모르는 사람은 이해할 수 없게 지나가는 이야기처럼 한 문장으로 간단히 처리하고 말았을 것인가 하는 점이다. 무슨 이야기를 하려는 것인지 이해하기도 힘들다 보니 희극적 효과라는 측면에서는 차라리 이야기를 꺼내지 않는 편이 더 낫지 않을까 싶다. 우리가 아는 라블레의 스타일로 보아서는 상상하기 힘든 일이다.

『제5서』의 서술과 대화가 짜증스럽고 음울한 어조를 띤다는 드메르송의 지적은 풍자의 공격성을 주로 염두에 둔 것으로 보이지만, 인물들의

---

66) Rabelais, 앞의 책, 1642쪽.

대화가 활성화되지 못하고 화자의 서술 역시 단조롭고 반복적 묘사 위주로 진행되므로 전체적으로 무기력하고 지루하다는 인상을 준다. 『제5서』의 정통성을 지지하는 학자들 역시 그 수준이 이전 작품에 미치지 못한다는 사실은 그 누구도 부인하지 않는다. 그리고 지금의 『제5서』의 원본일 것으로 추정하는 실체가 밝혀지지 않은 원고에 『제3서』나 『제4서』와 중복되는 부분들이 있는 것을 보면, 라블레가 이 작품들을 쓰기 위해서 준비했다가 사용하지 않고 폐기했던 초고일 가능성도 있다.[67] 어쨌든 분명한 것은 만일 라블레가 살아서 이 작품을 완성했더라면 지금의 『제5서』와는 완전히 다른 작품이 되었을 것이라는 사실이다. 위송이 지적한 바와 같이, "작가의 머릿속에 현존하는 모습대로의 『제5서』는 존재한 적이 없었던 것이다."[68]

그럼에도 불구하고 지금까지 라블레 전집에서 『제5서』가 빠지지 않는 것은 그래도 팡타그뤼엘 일행의 여행의 결말과 신성한 술병의 신탁은 작가 자신의 원래 구상 그대로이기를 바라는 대다수 라블레 전문가들의 희망 때문일 수도 있지만, 그 못지않은 현실적 이유가 있다. 그것은 당시의 그 어느 작품과 비교해보더라도 『제5서』를 능가할 만한 수준의 작품이 없기 때문이다. 드메르송이 인정하듯이, "『제5서』는 우리가 알 수 있는 라블레의 다른 위작과 모작들에 비해서 확실한 우위를 보여준다."[69] 라

67) 이와 관련해서 위송은 『제3』서의 첫 번째 서문과 원래의 여행 계획과 관련된 초고, 그리고 1548년판 『제4서』 이후 새로운 항로와 종소리 나는 섬과 관련된 초고 등, 두 종류의 서로 다른 초고가 있었던 것으로 추정한다. Mireille Huchon, 앞의 책, 488쪽 참조.

68) 위의 책, 489쪽.

69) Guy Demerson, 앞의 책, 140-141쪽.

블레가 아니고서는 그만한 수준의 작품을 쓸 수 있는 다른 작가를 찾을 수 없다는 것이 『제5서』가 많은 문제점을 안고 있음에도 불구하고 그의 작품으로 인정할 수밖에 없는 이유라는 것이다. 현실적으로 이 같은 사실을 부인하기는 어려운 것은 그만한 능력을 가진 다른 작가가 실제로 존재했었다면, 『제5서』 외에도 자신의 이름으로 다른 작품들을 발표했었어야 할 텐데 실제로는 그런 일은 일어나지 않았기 때문이다. 결국 이 같은 심증이 가는 작가나 작품을 16세기 프랑스 문학에서 찾을 수 없다는 것이 싫으나 좋으나 『제5서』를 라블레와 관련지을 수밖에 없는 결정적 이유가 되는 셈이다. 그것이 또한 우리가 『제5서』를 라블레 전집의 번역판에 포함시킬 수밖에 없는 이유이기도 하다.

IV. 라블레 소설의 현대성

라블레 소설 중 첫 작품인 『팡타그뤼엘』이 발표된 지 거의 오백 년 가까운 시간이 흘렀지만 어떻게 그 시대에 이런 소설을 쓸 수 있었는지 감탄하지 않을 수 없다. 물론 작품의 스타일이나 이야기 진행 방식에 중세 문학의 영향이 강하게 나타나고, 활자나 표기법, 삽화 등에서 인쇄술이 처음 보급되기 시작하던 시대의 특징들을 그대로 보여주는 책이다 보니 지금의 감각에 맞지 않거나 때로는 어설프게 느껴지는 부분도 적지 않은 것이 사실이지만, 프랑스 현대소설가이자 비평가인 미셸 뷔토르가 프랑스 문학에서 가장 난해하면서도 대중적인 인기를 누리는 작가로 라블레를 꼽을 만큼,[1] 오늘날에도 대중이 쉽게 공감할 수 있고 친근하게 느껴지는 작가라는 평판은 여전히 유효하다. 이제는 말도 많이 바뀌어서 일반

1) Michel Butor, 앞의 책, 135쪽.

독자들이 이해하기 힘든 표현들이 많아진 관계로 현대 프랑스어 번역판이 자연스럽게 받아들여질 정도지만, 그는 잊혀져버린 과거의 작가가 아니라 현대문학에서 계속 주목을 받고 논의가 되는 현재적 작가임에 틀림없다. 라블레 소설에 대한 평가에서는 소설다운 소설이 아직 존재하지 않았던 시대 상황이 그에게 새로운 도전의 기회를 제공했다는 점도 간과해서는 안 될 것이다. 원래 무에서 유를 창조하듯 문학에서 처음부터 끝까지 완전히 새로운 창작이란 불가능한 것이므로 라블레 소설에도 기존의 문학적 전통의 영향이 나타나는 것이 분명한 사실이지만, 작가의 놀라운 창조적 능력은 그 전통을 구속이 아닌 새로운 창조를 위한 발판으로 삼아 말 그대로 프랑스 문학의 르네상스를 실현해냈던 것이다. 사실 프랑스 근대소설은 라블레에게서 시작되었다고 말하더라도 별로 이의를 제기할 사람은 없을 만큼 적어도 소설 분야에서는 라블레의 영향은 거의 절대적이라고 할 수 있기 때문이다.

문학사적 측면에서 라블레 소설의 현대성이 오늘날에도 논의될 수 있는 것은 현대문학에서 전통소설에 대한 반성적 성찰을 시도하면서 제기된 어떻게 쓸 것인가 하는 글쓰기의 문제에 대한 논의를 이미 그 당시에 팡타그뤼엘 연작에서 알코프리바스라는 새로운 유형의 이야기꾼의 변모 과정을 통하여 텍스트 속에서 본격적으로 전개하고 있기 때문이다. 또한 상상하기 힘들 만큼 뛰어난 언어 감각과 실험정신으로 말의 향연이라고 불러도 좋을 만한 다양한 말의 실험을 시도함으로써 소설이라는 장르의 새로운 가능성을 모색했다는 점도 라블레를 오늘날에도 새롭게 읽힐 수 있는 영원히 현대적인 작가로 평가받게 만드는 근거라 할 수 있다.

1) 말의 향연, 말의 실험장

『제3서』에서 팡타그뤼엘은 파뉘르주와의 대화 가운데 자연언어의 존재를 부인하고 언어의 자의성과 사회적 구속력을 직접 언급한 매우 의미심장한 발언을 한다.

> "우리가 자연언어를 가지고 있다고 말하는 것은 잘못된 일이지. 언어란 자의적인 제도와 백성들 사이의 합의로 만들어지는 것이거든. 단어들은 (변증법 교사들이 말하듯이) 자연적으로 의미를 갖는 것이 아니라 우리의 의사에 따른 것이라네."[2)]

실제로 라블레의 언어관은 그가 16세기 작가라고 믿기 어려울 정도로 시대를 앞선 것이다. 그는 언어가 사물의 실체를 가리키는 것이 아니라 사회적 규약에 따르는 자의적 기호체계라는 사실을 이해하고 있었고, 언어의 표현성에 대해서 남다른 관심과 감각, 그리고 창의적 사고와 상상력을 두루 갖추고 있었던 것이다. 팡타그뤼엘 연작은 말 그대로 말의 실험장이라고 불러도 좋을 만큼 언어의 잠재적 가능성을 시험하기 위한 실험적 소설의 성격이 강하다. 의사소통의 차원을 넘어서서 언어 자체가 갖는 표현성을 텍스트 속에서 확인하기 위한 라블레의 실험은 실로 다양하고 과감한 것이었다.

언어의 표현성은 일반적으로 말과 글을 통해서, 다시 말해서 물질적 특성이 서로 다른 목소리와 글자를 매개체로 해서 실현된다. 언어의 청각

---

2) 라블레, 앞의 책, 125쪽.

적, 시각적 효과에까지 관심을 가졌던 라블레는 언어의 새로운 표현 가능성을 찾기 위해서 기존의 문학작품들과는 매우 다르게 혁신적인 글쓰기의 실험을 다양한 방식으로 전개해나간다. 북극에서 추운 날씨로 인해 얼어붙었던 말들이 날씨가 풀려 녹으면서 소리를 내는 신기한 현상에서 볼 수 있듯이, 말 자체가 소리뿐 아니라 색과 모양을 갖추기도 하고, 현대시의 자유연상의 기법처럼 소리나 형태의 유사성에 의하여 의미와 상관없이 말이 꼬리를 물고 계속 이어지기도 한다. 또한 여러 단어들을 마치 합성어처럼 붙여 쓰거나 세로로 길게 나열해서 만들어지는 단어들의 목록, 이야기를 계속할수록 무슨 말인지 그 뜻을 이해하기가 점점 더 어려워지는 횡설수설, 실제로는 존재하지 않는 가상의 언어를 포함한 많은 언어들의 혼재(混在), 말을 대신해서 사용되는 물건이나 몸짓 등의 해석, 라틴어 어근에 프랑스어 접미사를 인위적으로 조합한 파리 대학생들의 현학적이고 기형적인 언어 용법, 신조어, 글자 수수께끼, 말장난, 해독이 불가능한 학술용어들의 연속적 배열, 심지어 그림시에 이르기까지 언어를 두고 라블레가 벌이는 실험과 그의 상상력은 무궁무진하다고 할 만큼 다양하고 기발하기까지 하다.

라블레 소설에 나타나는 다양한 언어의 유희들 중에서 가장 큰 특징으로 꼽을 수 있는 것은 말이 말을 낳아 끝없이 확산되어 나가는 현상이다. 가르강튀아의 어린 시절의 217개의 놀이 목록, 성경의 예수 그리스도의 계보를 흉내 낸 팡타그뤼엘의 계보, 하나의 명사를 수식하는 데 사용되는, 한없이 계속되는 형용사의 수직적 목록 등과 두서없이 계속 이어지는 술꾼들의 대화 같은 말의 범람은 사건의 진행과는 별개로 작품 곳곳에

말로 이루어지는 놀이판이 벌어지게 만든다. 이렇게 말이 확산되는 과정에서는 의미와 상관없이 음성이나 형태적 유사성에 의한 말꼬리 잇기 같은 임의적인 연결 방식이 나타나기도 한다.

"그리고 그곳에서 그는 격렬한 열정에 휩싸여 두 팔을 벌리고서 변덕스런 날씨의 피해를 막아주는 집으로 사용하던 점토로 빚은 통을 돌리고, 선회시키고, 뒤섞고, 더럽히고, 끌고, 쏟고, 뒤집고, 엮고, 긁고, 쓰다듬고, 움직이고, 두드리고, 밀치고, 부딪치고, 때리고, 넘어뜨리고, 튀어오르게 하고, 담그고, 치고, 소리 울리고, 봉하고, 뚫고, 방향 바꾸고, 몽둥이로 때리고, 보조를 흐트러뜨리고, 처박고, 흔들어대고, 던지고, 힘껏 후려치고, 흔들고, 뒤흔들고, 들어올리고, 씻고, 못질하고, 족쇄 채우고, 회전시키고, 벽돌로 채우고, 가로막고, 괴롭히고, 주워모으고, 흙탕물 튀기고, 세우고, 포가(砲架)에 올려놓고, 붙잡아 매고, 못 박고, 부싯깃으로 비비고, 역청 바르고, 애무하고, 더듬고, 털고, 흙탕물 튀기고, 쓰러뜨리고, 베고, 대패질하고, 호두껍질 까고, 홀리고, 무장시키고, 창 들리고, 마구를 메우고, 깃털 꼽고, 마갑 씌우고, 위에서 아래쪽으로 굴려 크라니온으로 돌진하게 했고, 그다음에는 시시포스가 바위를 굴리듯이 아래에서 위쪽으로 밀어 올리는 것이었다."[3)]

『제3서』의 서문에서 디오게네스가 통을 굴리는 동작을 나타내는 동사 64개가 연속적으로 나열된 위의 예문을 보면, 라블레 작품에서 말의 확산이 임의적으로 매우 자유로운 연상 작용에 의해서 이루어지고 있음을 확인할 수 있다. 숨가쁘게 연속적으로 쏟아지는 동사들 중에서 처음에 나오는 몇몇 동사들은 그 의미가 실제로 통을 굴리는 동작과 관련되

3) 위의 책, 24-25쪽.

지만, 뒤섞다(brouiller)에서 더럽히다(barbouiller)로, 그 다음에 나오는 끌다(herser), 쏟다(verser), 뒤집다(renverser), 그리고 뒤이어 엮다(natter), 긁다(gratter), 쓰다듬다(flatter), 휘젓다(baratter) 등의 동사들의 연결은 의미와는 상관없이 동사의 어간이나 어미 부분의 형태 또는 음성적 유사성에 의해서 이루어진 것이기 때문이다. 간혹 의미에 따른 연결이 이루어지기도 하지만, 뒤이은 동사들은 대부분 앞에서와 마찬가지로 의미나 논리를 떠나 무작위로 고른 듯한 인상을 준다. 현대시에서나 볼 수 있을 법한 자유연상의 수법이 시도되고 있는 것이다.

라블레 소설에서 의미 전달과는 상관없이 진행되는 말의 확산 현상은 필연적으로 말을 통한 의사소통의 한계라는 문제와 만나게 된다. 대표적인 경우로 횡설수설[4]을 들 수 있는데, 『가르강튀아』 2장 "해독 처리된 잡동사니 문서"와 『팡타그뤼엘』에서 윔므벤 영주와 베즈퀴 영주 사이에 끝도 없이 계속되는 소송사건과 이에 대한 팡타그뤼엘의 판결은 에피소드 전체가 의미가 통하지 않는 전형적인 횡설수설의 예를 보여주는 것이다. 이 상황에서도 말은 의사소통의 수단으로 사용되지 않는다. 그레이는 "여기서 말은 의미 단위로 환원되지 않는 말 자체를 가리킬 뿐이며 그 자

---

4) 프랑스어에서 횡설수설(**coq-à-l'âne**)이라는 표현은 원래 수탉이 좌충우돌하며 암오리를 암탉으로 잘못 알고 덮친다는 뜻에서 유래한 것이라고 하는데, 문학용어로는 일부러 무슨 말인지 갈피를 잡을 수 없게 써놓은 난삽한 글을 가리킨다. 문장 하나하나는 문법적으로 정확한 것이지만 문장과 문장 사이에 논리적 연결이 이루어지지 않기 때문에 말이 길어지면 길어질수록 내용 파악은 점점 더 불가능해지는 부조리한 상황이 벌어지게 되는 것이다. 결국 전체적으로 일관된 의미를 찾으려는 시도를 포기하고 간혹 눈에 띄는 단어들의 의미를 통해 작가가 말하고자 하는 것이 무엇인지 짐작해볼 수는 있겠지만 그 역시 주관적 해석에 머무를 수밖에 없는 것이 횡설수설의 특징이다.

체로서 스스로를 위하여(en soi et pour soi) 존재한다"고 설명했는데, 횡설수설로 구성된 장면 전체가 내용보다는 오히려 부조리한 논쟁이라는 이미지를 제공하는 역할을 한다는 것이 그의 해석이다.[5] 독자의 입장에서는 개별적인 문장 차원에서 의미를 찾는 것이 불가능한 상황에서 에피소드 전체가 주는 인상, 그러니까 통제가 불가능하게 쏟아지는 말들의 홍수 속에서 느껴지는 어지러움, 의미 해독을 포기할 수밖에 없다는 무력감과 함께 내용과 분리된 언어의 외형적 측면을 감각적으로 인지하는 특이한 경험을 하게 되는 것이다.

의사소통이 되지 않는 언어의 또 다른 예로는 인위적 언어와 가상의 언어를 들 수 있다. 『팡타그뤼엘』에 나오는 엉터리 라틴어를 사용하는 리모주 출신 학생의 에피소드는 자연언어에 반하는 인위적 언어의 전형적인 예를 보여준다. 주어 인칭대명사, 관사, 전치사, 접속사와 몇몇 형용사를 제외하고는 거의 전부가 라틴어 어근에 프랑스어식 접미사를 붙여서 만든 인위적 언어를 사용해서 자신의 학식을 과시하려던 리모주 출신 학생이 팡타그뤼엘에게 혼이 나는 이 에피소드는 라틴어를 아는 지식인 독자라면 내용을 이해하고 장난스러운 라틴어식 표현법에 묘미를 느낄 수도 있겠으나, 대부분의 일반 독자들에게는 이해할 수 없는 무의미한 말의 연속일 뿐이다.

팡타그뤼엘이 그의 평생지기가 될 파뉘르주를 처음 만나는 장면에서 남루한 행색에 피로와 허기로 기진맥진한 상태인데도 불구하고 마지막에 프랑스어로 말하기 전에 독일어, 이탈리아어, 스코틀랜드어, 바스크

5) Floyd Gray, 앞의 책, 46-47쪽 참조.

어, 네덜란드어, 에스파냐어, 덴마크어, 히브리어, 고대 그리스어, 라틴어에다 등불나라, 유토피아의 말 등 3개의 가상의 언어를 포함해서 12개의 언어로 자신의 처지를 하소연하는 파뉘르주의 기행을 보게 된다. 이 장면에서 작가는 파뉘르주의 무용한 지식의 과시를 통해서 허풍이 심하고 모순투성이인 이 인물의 성격을 부각시키려 한 것으로 볼 수 있겠지만, 청중이나 독자들의 입장에서는 계속 다른 언어로 끝도 없이 이어지는 외국어들의 홍수 속에서 그 장황함과 무의미함을 감각적으로 느끼며 어리둥절할 수밖에 없었을 것이다.

"그러자 그 인물은 그에게 대답했다.

"Al barildim gotfano dech min brin alabo dordin falbroth ringuam albaras. Nin porth zadikim almucathin miko prin al elmim enthoth dal heben ensoui : kuth im al dum alkatim nim broth dechoth porth min michais im endoth, pruch dal maisoulum hol moth dansrilrim lupaldas im voldemoth. Nin hur diavosth mnarbotim dal gousch palfrapin duch im scoth pruch galeth dal chinon, min foulchrich al conin butathen doth dal prim."[6]

라블레의 고향인 시농(Chinon) 등 몇몇 고유명사와 아랍어를 연상시키는 al로 시작되는 단어 등이 눈에 띄지만, 전체적 내용은 당연히 파악이 불가능하다. 이러한 가상의 언어뿐 아니라 대부분의 외국어들 역시 일반 독자들에게는 똑 같이 이해할 수 없는 공허한 말들의 연속이라는 점

6) 라블레, 『가르강튀아/팡타그뤼엘』, 326-327쪽.

에서 작가가 의미 전달을 목적으로 12개의 언어를 동원하지 않았다는 것은 누가 보더라도 명백한 사실이다. 이와 같은 상황에서는 각 언어의 고유한 음성적·형태적 특성에서 느껴지는 뜻 모를 낯선 외국어라는 인상만이 독자들에게 전달될 뿐이다.

말 이외의 수단을 이용한 의사소통의 가능성에 대한 라블레의 관심 역시 여러 에피소드를 통해서 확인할 수 있다. 우선 『팡타그뤼엘』에서 파뉘르주와 영국의 위대한 학자 토마스트 사이에 몸짓만으로 진행되는 논쟁(18~20장)은 인류가 말을 사용하기 이전 단계의 원초적 의사소통 수단으로 여겨지던 몸짓으로 심오한 철학적 문제에 관한 논쟁을 벌인다는 라블레다운 역발상을 보여준다.

> "하지만 내가 바라는 우리의 논쟁 방식은 다음과 같은 것이오.
>
> 나는 이 도시나 다른 곳의 어리석은 소피스트들처럼 정(正)과 반(反)으로 토론하기를 원치 않소. 마찬가지로 플라톤 학파가 하던 식의 웅변이나, 피타고라스가 그렇게 했고 로마에서는 피코 델라 미란돌라가 하고자 했듯이 수(數)로 토론하는 것도 원치 않소.
>
> 나는 말을 하지 않고 단지 신호로만 토론하기를 원하오. 왜냐하면 이 논제들은 매우 어려운 것들이어서 사람의 말은 내가 원하는 만큼 그것을 설명해내는 데 충분하지 못하기 때문이오."[7)]

이 문맥에서 토마스트가 말하는 신호(signes)는 몸짓을 뜻하는 것이 분명하지만, 포괄적으로는 비언어적 의사소통의 수단 전체를 가리키는 기호라

---

7) 라블레, 『가르강튀아/팡타그뤼엘』, 389쪽.

는 의미로 일반화할 수도 있을 것이다. 고대로부터 중세, 르네상스 시대까지 이어진 고전 언어학의 전통에서는 말은 "관례와 동의에 따른" 자의적 의미를 갖는데 반해서 상형문자나 몸짓 같은 기호는 자연적으로 사물의 개념과 유사하거나 일치하는 것으로 간주되어 왔다.[8] 그런데 이 에피소드에서는 파뉘르주와 토마스트가 똑 같은 몸짓을 서로 다른 의미로 해석하는 데서 희극적 상황이 벌어지게 된다. 이 같이 서로 다른 해석이 가능한 것은 사물을 직접 표상하는 기호와는 달리 말처럼 자의적인 의미를 갖는 비의적(秘義的) 기호의 존재 때문이다. 파뉘르주의 몸짓에 관한 상세한 묘사는 보통 사람들 같으면 얼핏 보더라도 그것이 대부분 성행위와 관련된 외설스러운 동작으로 일관된 것임을 바로 알아차릴 수 있는 것인데도 불구하고 토마스트는 그것을 곧이곧대로 받아들여 심오한 철학적 문제에 관한 진지한 논의로 이해하려고 한 것이다. 기호를 자연적 의미 대신 비교(秘敎)의 세계에 입문한 선택된 사람들에게만 이해될 수 있는 관례적 의미(un sens conventionnel)로 해석한 결과이다.[9] 그래서 그는 논쟁을 참관한 사람들에게 파뉘르주가 "모든 학문의 진정한 원천과 심연"을 열어 보여주었고 그들이 나눈 대화와 해결한 문제들이 거짓이 아니라는 것을 알 수 있게, 그리고 누구나 배울 수 있도록 하기 위해서 글로 써서 책으로 출판하겠다고 선언하는 것이다. 그리고 이 에피소드의 마지막에서 화자는 "사람들이 말하기를 토마스트가 이에 관한 커다란 책을 써서 런던에서 출

8) Michael Screech, *Rabelais,* Gallimard, 1992, 122쪽.

9) 위의 책, 130쪽.

판했고 그 책에서 아무것도 빠뜨리지 않고 밝혔으므로"[10] 자신은 그 일에 손을 대지 않겠다고 말하는 것으로 토론의 내용에 관한 설명을 얼버무린다.

말과 기호의 관계에 관한 라블레의 관심은 자연히 의미 해석의 문제로 연결된다. 『팡타그뤼엘』에서 작별인사도 하지 않고 떠나버린 팡타그뤼엘에게 파리의 귀부인이 보낸 금반지 안에 새겨진 글자의 해독(24장), 그리고 『제3서』의 파뉘르주의 결혼과 관련해 진행되는 일련의 문답에서 계속 상반된 의미 해석을 둘러싸고 벌어지는 논쟁들, 그 중에서도 특히 벙어리 나즈드카브르의 몸짓(20장), 점쟁이 헤르 트리파의 점술(25장) 등과 관련해서 팡타그뤼엘 일행이 나누는 대화는 말과 다른 유형의 기호들, 즉 사람의 몸짓이나 사물의 형상, 또는 어떤 징조 등을 대상으로 하는 해석의 문제를 본격적으로 제기한 것들이다.[11]

말이 실체를 가진 유형(有形)의 존재일 가능성에 관한 논의는 『제4서』 56장에 나오는 얼어붙은 말들의 에피소드에 나온다. 팡타그뤼엘 일행은 항해 중에 북극을 지나다가 얼어붙었던 말들이 녹으면서 내는 소리를 듣는 신기한 경험을 하게 되는데, 이 에피소드를 통해서 귀로 듣는 것 말고도 눈으로 보고 손으로 만질 수 있는 소리 이외의 말의 물질적 특성, 다시 말해서 형체와 색, 질감을 지닌 말의 실체에 관한 논의가 전개되는 것

10) 라블레, 앞의 책, 403쪽.

11) 단어와 문장 차원의 말장난에 관해서는 졸고, "언어의 유희성과 번역의 한계", 『번역문학』, 제4집, 2002, 65-68쪽을 참고할 것.

이다. 물론 얼어붙은 말 이야기는 라블레가 처음 지어낸 것이 아니라 그리스 역사가들의 기록에 이미 나오는 것이라고 하지만, 이 같은 현상을 놓고 등장인물들이 말의 실체에 관한 서로 다른 해석을 시도하며 토론을 전개해나가는 장면에서 우리는 언어에 대한 작가의 남다른 통찰력과 해박한 지식, 사고의 깊이에 놀라지 않을 수 없다. 이 신기한 현상에 대하여 팡타그뤼엘은 그의 평소 태도대로 책에서 읽은 지식을 동원해서 서구의 지적 전통에 입각한 원론적 해석을 시도하는데, 그의 해석은 말을 유형의 실체로 간주했던 고대 그리스 철학의 사상적 전통을 요약해서 소개한 것이다. 파뉘르주가 그의 말을 받아 모세가 유대인들의 율법을 받았던 산기슭에서 이스라엘 민족은 분명하게 말소리들을 보았다는 이야기를 읽은 기억이 있다고 말한 것[12] 역시 성경의 권위를 빌어 전통적 해석의 타당성을 뒷받침하는 것이다.

말의 실체에 대한 전통적 해석이 끝난 다음에 신기한 현상에 대한 매우 사실적이고 구체적인 선장의 설명이 이어진다. 지난해 겨울에 있었던 큰 전투에서 얼어붙었던 사람들의 말과 고함소리, 말울음소리, 전투 중에 났던 다른 소란스러운 소리들이 공기 중에 얼어붙었다가 이제 겨울이 지나고 날이 풀리자 그 소리들이 녹아서 들리게 되었다는 것이다.

"- 받게, 받으라구! (팡타그뤼엘이 말했다) 여기 아직 녹지 않은 말들을 보게나." 그러고 나서 그는 양손 가득히 여러 색깔의 진주 모양의 당과 같이 보이는 얼어붙은 말들을 잡

12) "뭇 백성이 우뢰와 번개와 나팔소리와 산의 연기를 본지라 그들이 볼 때에 떨며 멀리 서서 모세에게 이르되 당신이 우리에게 말씀하소서. 우리가 들으리이다." (『구약』 출애굽기 20장 18절).

아 상갑판 위에 집어던졌다. 우리는 거기서 유쾌한 말들과 초록색, 하늘색, 모래색, 금색 말들을 보았다. 그 말들은 우리 손 안에서 약간 데우면 눈처럼 녹아버렸고 정말로 그 소리를 들을 수 있었다. 그렇지만 그 뜻은 이해할 수가 없었다. 야만적 언어로 된 것이었기 때문이다. 예외적으로 장 수도사가 손 안에서 데운 꽤 큰 덩어리의 말은 칼집을 내지 않고 숯불에 던져 넣은 밤이 터질 때 나는 소리 같은 큰 소리를 내는 바람에 우리는 모두 겁에 질려 몸을 떨었다. "이것은 (장 수도사가 말했다) 그때 쏘았던 소형 대포 소리로군."[13]

얼어붙은 말에 대한 선장의 설명을 들은 다음 팡타그뤼엘은 공중에 떠 있는 얼어붙은 말들을 양손에 가득 움켜쥐어 갑판 위로 집어던진다. 그들이 목격하게 된 얼어붙은 말들은 갖가지 모양과 색깔을 지닌 것들이고 손 안에서 데우면 녹으면서 소리를 내는 물질적 특성을 지닌 유형의 실체이다. 말을 옮겨 적은 글자와는 다르게 그대로 얼어서 모양과 색깔을 띠게 된 것이므로 만일 실제로 존재할 수 있다면 말의 순수한 형상화가 실현되는 셈이다. 들리는 소리들 중에서 사람들의 말소리는 야만족의 언어로 된 것이라 그 뜻을 이해할 수 없었고 단지 말이 우는 소리나 북과 피리, 대포 소리, 그리고 의성어들 같이 순수한 소리만 식별할 수 있을 뿐이었다. 화자인 알코프리바스는 몇몇 유쾌한 말들을 기름 속에 보관하려고 했지만 팡타그뤼엘이 이를 허락하지 않는데, 모든 팡타그뤼엘주의자들 사이에서 결코 모자라지 않고 언제나 수중에 있는 것을 보관하려는 것은 어리석은 짓이라는 이유에서였다. 이어지는 인물들의 대화에 나오는 '말을 준다'(donner paroles)와 '말을 판다'(vendre paroles), '말꼬리를 잡

13) 라블레, 『팡타그뤼엘 제4서』, 272-273쪽.

는다'(prendre au mot)는 표현들 역시 말을 유형의 실체로 파악한 것이라는 공통점이 있다. 말을 주는 것, 즉 언약을 하는 것이 연인들의 행동이고 말을 파는 것은 변호사가 하는 일이라는 설명, 그리고 '짐승은 뿔을 붙들고 사람은 말꼬리를 잡는다'는 속담은 모두 말을 실체가 있는 대상물로 간주해야 성립될 수 있는 표현들이기 때문이다.

문자의 발명 이후 손으로 쓴 글자나 인쇄된 책을 통해서 구현되는 말의 실체를 라블레는 텍스트 속에서 다양한 방식으로 시각적으로 재현해낸다. 인쇄된 글자를 이용한 다양한 글쓰기의 시도는 라블레의 남다른 언어 감각과 실험정신을 보여주는 좋은 예라 할 수 있다. 한편으로는 아직 낭독자가 책을 읽어주는 독서 관행이 여전히 남아 있고 다른 한편으로는 책을 사서 읽는 첫 세대의 독자층이 막 형성되기 시작하던 당시의 상황에서 라블레가 인쇄된 책을 통해서 시각적으로 그 효과를 확인해야 하는 글쓰기 방식을 시도했다는 것은 상당한 모험이었을 것이고 분명 말과는 다른 글자 고유의 표현 가능성을 의식한 결과라 할 수 있을 것이다. 인쇄가 이전의 쓰기보다 훨씬 강력하게 말이 사물이라는 사실을 우리에게 인식시켜주는 것은 분명한 사실이다.[14)]

시나 노래, 열 줄 내외의 짧은 목록처럼 당시 문학작품들에 흔히 나오는 일반적인 예들을 제외하면, 본격적으로 말의 형태적 실험으로 꼽을 만한 유형으로는 우선 여러 단어들을 띄어쓰기를 하지 않고 합성어처럼 붙여 쓴 경우가 있고, 자주 나오고 가장 확실하게 눈에 띄는 유형으로는 몇

---

14) Walter J. Ong, *Orality and Literacy*, Routledge, 1982, 『구술문화와 문자문화』, 이기우, 임명진 역, 문예출판사, 1996, 181쪽.

페이지에 걸쳐 계속 이어지는 수직적 목록들이 대표적 예가 될 것이다. 그 외에도 글자들의 배열이 일정한 형상을 만들어내는 그림시의 예들이 일부 나타나기도 한다.

『제4서』 15장 "시카누들에 의해서 어떻게 오래된 결혼식의 풍습이 재현되었는가"에서는 띄어쓰기를 하지 않고 마치 합성어인 것처럼 단어들을 길게 늘어놓은 식의 말장난이 반복적으로 시도된다.

"쇠똥으로뒤덮인주둥이와목구멍속에든백파이프를치고비웃고자루와반지와오줌통으로내게타박상을입힌(morambouzevezengouzequoquemorguatasacbacguevezinemaffressé)

물고붙잡고하찮은물건을뒤섞고북을쳐알린(morceocassebezassegrigueliguoscopapopondrillé)

주둥이를와장창부수고몸통과오줌통이노래부르고척추뼈를망가지게(morderegrippipiotabirofreluchamburelurecoquelurintimpanemens)"[15]

이 합성어들은 이 장에만 8번 나오는데, 짧은 것은 단숨에 읽을 수 있지만 여러 단어들이 복잡하게 연결된 긴 합성어의 경우는 아무리 빨리 읽으려 해도 한 호흡에 읽어내기는 거의 불가능하다. 그리고 작가가 의도한 희극적 효과를 살리려면 되도록 빨리 읽어서 듣는 사람이 무슨 말인지 뜻을 제대로 이해하지 못하고 어리둥절하게 만들어야 할 것이다. 16세기의 표기법이 지금과 달리 띄어쓰기가 확실하지 않았던 것은 사실이지

15) 라블레, 『팡타그뤼엘 제4서』, 115-116쪽.

만, 그렇다고 하더라도 이 예문들의 경우는 눈으로 보아도 단번에 해독하기가 쉽지 않고 단어별로 끊어 읽어야 비로소 의미가 통하게 되어 있으므로 당시에도 빨리 읽어주는 것을 들으면서 바로 그 의미를 파악하기는 어려웠을 것으로 추측된다. 위의 예문들 중에서 가장 긴 것은 "쇠똥으로 뒤덮인 주둥이"(mourre embouzé)와 백파이프(vèze), "목구멍 속에 든"(engouzé), 치다(quoqué), 비웃다(nargué), 의미가 불분명한 단어(morguata), 자루(sac), 반지(bague), 오줌통(vezine)과 "내게 타박상을 입히다"(m'a fressé)가 합쳐진 것이니까 적어도 12개의 단어가 동원된 것이다. 이 같은 합성어에서는 의미 전달과는 별개로 한 덩어리를 이루는 단어들을 흥겹게 가락을 붙여 읽었을 때 보거나 듣는 사람이 재미와 즐거움을 느낄 수 있다면 그것으로 작가가 기대한 효과는 충분히 달성된 것으로 생각할 수 있을 것이다.

라블레 소설에서 자주 눈에 띄는 단어들의 수직적 목록은 인쇄된 책을 통해서 말의 시각적 효과를 보여줄 수 있는 전형적 유형이라 할 수 있다. 중세문학에 이미 단어들의 목록이 나온다고 해도 그것을 라블레만큼 작품 속에서 효과적으로 사용한 예를 찾기는 어려울 것이다. 그리고 길게 나열된 목록들은 자칫 잘못하면 이야기의 진행을 지연시켜 청중이나 독자들의 관심을 분산시킬 위험이 있으므로 특별한 동기 없이는 반복적으로 사용하기가 쉽지 않은데도 불구하고 팡타그뤼엘 연작에는 이 같은 목록들이 작가의 글쓰기 방식의 한 패턴으로 꼽힐 정도로 자주 등장하는 것을 볼 수 있다. 그것은 라블레 소설에 나오는 목록들은 따로 떨어져 있는 것이 아니라 화자의 서술 또는 인물들의 대화 속에 삽입되어 있고, 관련된 에피소드와 테마적으로 긴밀히 연결되는 것이므로 긴 분량이라 하더라도 이야기의 흐름을 방해하기보다는 오히려 사건의 희극적 상황을 더욱 부각시키는 상승효과를 만들어내기 때문에 가능한 일이다. 팡타그뤼엘 연작에 등장하는 수직적 목록의 대표적 예들로는 팡타그뤼엘의 계보(『팡타그뤼엘』 1장), 생 빅토르 도서관의 장서 목록(『팡타그뤼엘』 7장), 가르강튀아의 놀이(『가르강튀아』 22장), 불알(couillon)과 미치광이(fol)를 수식하는 형용사들의 목록(『제3서』 26, 28장, 38장), 카렘프르낭의 내·외부 기관의 해부학적 목록과 행태에 관한 설명(『제4서』 30~32장), 앙두이유들과의 전쟁에 동원된 요리사들의 명단(『제4서』, 40장), 가스테르에게 바치는 제물들의 목록(『제4서』 59~60장), 유해한 동물들의 라틴어 학명(『제4서』, 64장) 등이 있다. 문제의 목록들의 용도를 몇 가지 살펴보면, 우선 『구약』의 예수 그리스도의 계보를 모방한 팡타그뤼엘의 선조들의 계보는 전설적인 거인왕의 연대기에 합당한 서두를 장식하기 위한 것이고, 생 빅토르 도서관의 장서 목록에 대해서는 가톨릭교회의 편협한 신앙과 스콜라 철학의 형식주의에 대한 인문주의자들의 비판적 입장이 반영된 것으로 해석할 수 있다. 가르강튀아의 217개의 놀이 목록 역시 그가 낡은 중세식 교육을 받던 시절에 이렇게 많은 종류의 놀이를 하느라 아까운 시간을 낭비했고, 그의 지적 능력도 학문 연마 대신에 쓸데없는 놀이의 규칙을 익히는 데 소모되어 버렸다는 사실을 강조하기 위한 것이고, 나머지 목록들의 경우도 사건의 그로테스크한 상황이나 문제의 인물들의 부정적 성격을 부각시키는 데 초점이 맞춰져 있는 것이다. 그러므로 목록들이 길어지는 현상은 그만큼 작가가 전하려는 메시지에 강한 인상을 심어주기 위한 작가의 서술전략의 일환으로 볼 수 있는 것이고, 실제로 이 목록들은 라블레가 직접 손을 본 후기의 판본에서는 더 길어지는 경향이 나타나기도 한다.

라블레 소설의 목록들에 대해서 인쇄 전문가인 블랑샤르(Blanchard)는 대중적인 책에 어울리는 모양새를 갖추기 위해서 사용된 것이라고 설명한다. 계보, 장서, 놀이 등의 목록들을 삽입함으로써 만들어지는 짧은 행들을 세로로 길게 늘어놓는 것이 시각적으로 한 덩어리로 보이는 조판의 단조로움을 깨뜨리고 균열과 독창적, 예외적인 것을 추구함으로써 이야기의 진행을 중단하거나 지연시키고, 혼란스럽게 만든다는 것이다.[16)]라블레가 말의 시각적 효과를 의식하고 단조로운 서술에 변화를 주기 위해서 수직적 목록들을 활용했던 것은 분명해 보인다. 그렇지만 이 목록들이 언제나 효과적이었던 것 같지는 않다. 특히 『제4서』 64장에 나오는 유해한 동물들의 목록에 대해서는 작가의 의도를 짐작조차 하기 어려운 것이 사실이다. 문제의 목록은 알파벳 순서로 포유류, 어류, 곤충류, 뱀류, 도마뱀류 등 종류별로 독 있는 동물들을 정리한 것인데, 당시 의학도들이 교재로 사용하던 아랍의 의학자 아비센나의 『정전』의 라틴어 번역판에 의거한 것으로 알려져 있다. 프랑스어로 되어 있는 몇몇 동물들의 이름을 제외하고는 그리스어에서 전사한 상당수 동물들의 이름은 무엇을 가리키는 것인지 해독이 거의 불가능할 지경이다. 당시에도 의학에 정통한 극소수 전문가들 말고는 아무도 이해할 수 없는 목록이었을 것이고, 특히

16) Gérard Blanchard, "Rabelais, le langage et la typo-graphie", *Communication et langages*, 제22집, 1974, 87-88쪽.

책을 읽어주는 경우 웬만한 낭독자는 이해는 고사하고 어떻게 읽어야 할지 갈피를 잡기도 어려웠을 것으로 여겨진다. 작가는 과연 무슨 의도에서 이 같은 목록을 집어넣은 것인지, 어떤 효과를 기대했는지는 나름대로 추측해볼 수는 있겠지만 누구나 수긍할 만큼 확실한 결론을 찾기는 불가능해 보인다.[17)]

프랑스문학사에서 아폴리네르 이전의 대표적 그림시(calligramme)로 꼽히는 것이 바로 『제5서』에 나오는 신성한 술병의 삽화이다. 사실 글자의 배열에 의해서 어떤 도형이나 문양을 그리는 것은 장식문자나 삽화가 자주 들어갔던 당시 활판 인쇄에서 드문 일은 아니었다. 라블레가 영향을 받은 것으로 알려져 있는 15세기 이탈리아의 작가 프란체스코 콜로나의 『폴리필의 꿈』에도 한 장(章)이 끝날 때마다 글자들을 항아리나 술잔, 또는 가운데가 잘록하게 들어간 장식(pendentif) 모양으로 배열하는 예들을 종종 볼 수 있다.[18)] 그리고 지금 남아 있는 고대 그리스의 그림시들 중에는 신성한 술병처럼 테두리를 두르고 그 속에 글자를 배치한 그림시는 찾아볼 수 없으므로 『폴리필의 꿈』 제1권 19장에서 제단이나 비석 모양의 테두리 속에 비문(碑文)이 새겨진 삽화들이 여럿 들어있는 것이 가장

---

17) 소니에는 『신약』 마태복음 23장에서 율법학자와 바리새파 위선자들을 땅을 기어 다니는, 독을 가진 뱀과 독사의 자식들에 비유한 것을 근거로 삼아 독을 가진 파충류들의 목록은 위선자들을 가리키는 것이라고 해석한다. (V.-L. Saulnier, *Rabelais II, Rabelais dans son enquête, Etude sur le Quart et le Cinuième Livre*, Editions SEDES et CDU réunies, 1982, 137쪽.

18) Antoine Coron, *Avant Apollinaire vingt siècles de poèmes figurés*, Le mot et le reste, 2005, 36쪽.

비슷한 예라 할 수 있다.[19)]

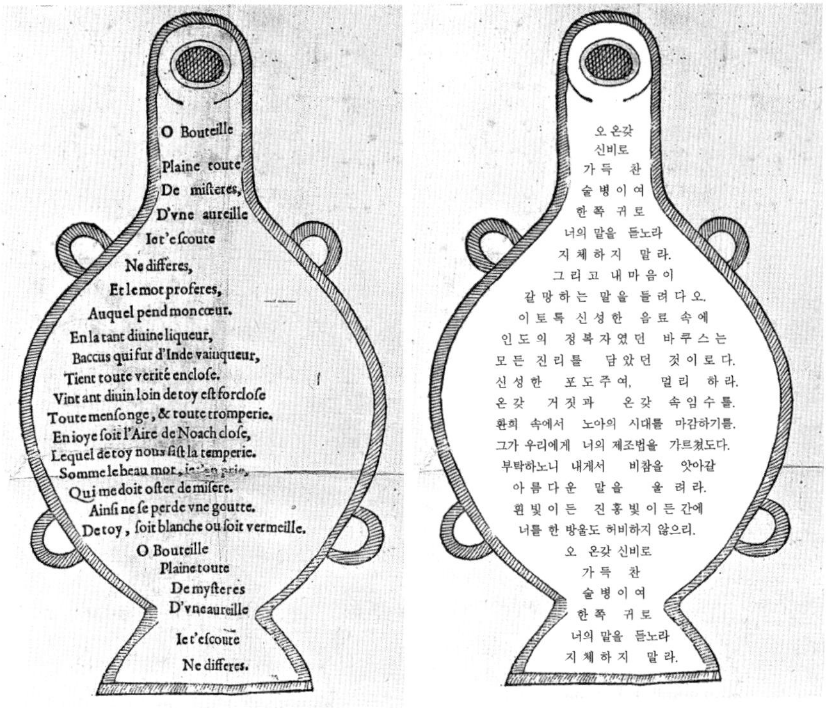

신성한 술병의 그림시에 대해서는 라블레의 창작이 아닐 것이라는 주장이 제기되기도 한다. 문제의 술병은 손잡이가 달린 그리스식 항아리(amphore) 모양을 하고 있는데, 테두리 속에 들어 있는 시 자체는 본문의 내용을 그대로 되풀이한 것에 지나지 않고, 모양새도 엉성하기 짝이 없다는 것이다. 그리고 손잡이가 달린 항아리 아래쪽에 붙은 손잡이는 아무 쓸모가 없을 뿐더러 마지막 6행은 처음 6행을 그대로 반복한 것에 불

19) Francesco Colonna, 앞의 책, 227-270쪽 참조.

과한데 앞부분과는 테두리 모양이 다른 것도 이상하다고 볼 수 있다. 이런 문제점들로 미루어 볼 때 문제의 그림시는 인쇄출판업자가 부적절하게 개입해서 손을 댄 흔적이라고 믿고 싶어진다는 것이다.[20] 『제5서』가 라블레 사후에 그의 유고를 편집해서 출판했다는 것이 정설로 받아들여지는 상황에서는 이 같은 주장이 무리한 추측이라고 반박하기도 어렵다. 그리고 테두리 속에 들어 있는 시의 각 행의 길이가 잘 맞지 않아 억지로 끼워 넣은 듯한 인상을 주는 것도 사실이다. 지금으로서는 테두리를 두른 것이 라블레의 의도였는지는 확인할 길이 없고 어색한 느낌을 지울 수 없기는 하지만, 작가가 이미 제단이나 술잔 모양의 그림시를 시도했다고 볼 만한 전례가 있었다는 점을 고려하면,[21] 삽입된 시들 중에 신성한 술병의 그림시를 이상과 같은 이유만으로 위작이라고 결론짓는 것은 성급한 판단으로 여겨진다. 어쨌든 라블레 연구가들의 일반적인 정서는 신성한 술병의 신탁인 "마셔라"(Trinch)라는 말을 팡타그뤼엘 일행의 여행기의 결론으로 삼고자 하듯이, 문제의 시를 아폴리네르 이전 프랑스의 대표적 그림시로서 역시 라블레의 창작으로 믿고 싶어 한다는 것이다.

---

20) Tristan Vigliano, "Du nouveau sur la Dive Bouteille de Rabelais – Microlecture iconotextuelle", in *Complications de texte : les microlectures, Fabula LHT (Littérature, histoire, théorie)*, N° 3, URL: http://fabula.org./lht/3/Vigliano.html.

21) 신성한 술병 이외의 그림시의 시도에 관해서는 졸고, "말의 형상화 – 라블레의 시각적 언어 실험", 『인문과학』, 제97집, 281-283쪽을 참조할 것.

2) 근대 희극소설의 계보

2007~2008학년도 프랑스 고등교원채용시험(Agrégation) 현대문학 분야에서 사전에 공시된 문학 일반 및 비교문학 과목의 주제는 '근대소설의 탄생'이었고, 라블레의 『제3서』, 세르반테스의 『돈키호테』, 로렌스 스턴의 『트리스트럼 섄디』가 지정도서로 선정되었다. 이 작품들이 서구 근대소설의 성립과정에서 문학사적으로 가장 중요한 대표적 작품들이라고 판단한 것이다. 그렇다면 시험 출제위원들이 문제의 세 작가들의 작품을 선정한 근거가 무엇일지 한번 곰곰이 따져볼 필요가 있을 것 같다. 우선 작품의 발표시기로 보면 라블레의 『제3서』(1546)가 제일 먼저이고 그 다음이 세르반테스의 『돈키호테』(1605, 1615), 스턴의 『트리스트럼 섄디』(1760~1767) 순이다. 시대별로 각각 16, 17, 18세기 작품으로 상당한 편차가 있고 작가의 출신 국가도 프랑스, 에스파냐, 영국으로 서로 다르다. 이 작품들의 공통점이라고는 단지 희극소설 계열에 속한다는 것뿐이다. 물론 희극소설이라는 것만으로 이 작품들이 선정된 이유가 설명될 수 없는 것은 당연한 일이다. 다른 공통점을 찾아보기 위하여 희극소설의 풍자문학으로서의 속성, 그러니까 사실주의 계열의 소설들과는 다른 발상의 현실 인식과 재현 방식을 시도했다는 것이 이 작가들이 새로운 소설을 쓸 수 있었던 원인이 아니었을까 생각해볼 수 있을 것 같다.

이와 관련해서 이미 오래전에 발표된 웨인 부스(Wayne Booth)의 논문 "트리스트럼 섄디 이전의 희극소설에 나타나는 자의식적 화자"에서 중요한 단서를 찾을 수 있다는 것이 우리의 판단이다. 희극소설에는 사실적 환상을 만들어내는 데 주력하는 일반적인 스토리 중심의 사실주의 계열의 소설과는 전혀 다른 글쓰기 방식이 적용되기 때문이다. 작가 자신에 대해서, 그리고 쓰고 있는 책에 대해서 자신의 입장을 밝히기 위해 텍스트 속에 개입하는 자의식적 화자를 등장시킴으로써 어떻게 쓸 것인가 하는 창작 과정에 대한 논의를 작품 속에서 본격적으로 전개해나가는 것이 바로 희극소설의 서술방식의 특징이라는 것이 그의 논문의 요지이다.[22)]

실제로 희극소설에서는 사실적 환상을 의도적으로 무산시키며 작품의 작위성을 강조한다. 다시 말해서 지금 쓰고 있는 소설이 어떤 필연적 사실관계를 다루는 것이 아니라 작가의 자유로운 상상력과 그때그때의 기분과 생각에 따라 얼마든지 달라질 수 있는 허구에 지나지 않는다는 점을 주지시키면서 이 같은 창작과정에 독자의 참여를 유도하기 위하여 독자와의 대화에 주력하게 되는 것이다. 그리고 독자와의 친밀한 공모 관계를 유지하려면 작가와 독자 사이에 유희적 공감대가 형성되어야 하고 그 과정에서 작가는 자연스럽게 작품의 희극성을 높이기 위한 여러 장치를 마련할 필요를 느끼게 된다. 이러한 관점에서 결국 희극소설이란 사건 자체가 특별히 웃기기 때문이 아니라 이야기를 가져가는 방식, 즉 독자를 작가의 의도대로 이야기 속에 끌어들이기 위한 희극적 글쓰기의 방식이 적용된 소설이라 할 수 있다.[23)] 희극소설의 역사적 전통 속에서 특히 여기에서 논의되는 세 작가들은 기존 문학작품들에 대한 비판적 검토와 도

22) I. 라블레 소설의 기원, 주[31)] 참조

23) 장 사레이유는 『희극적 글쓰기』에서 특별히 비극적이거나 희극적인 상황이 있다기보다는 사건을 다루는 방식이 차이를 만들어내는 것이라고 설명한다. (Jean Sareil, *L'Ecriture comique*, PUF, 1984, 10-11쪽 참조).

발적이라고 할 만한 혁신적인 글쓰기의 실험을 통해서 각자 자신이 속했던 시대를 앞서 소설의 새로운 지평을 여는 데 결정적 기여를 했다는 사실이 이제는 공인을 받게 된 결과라는 것으로 이들의 작품이 지정도서로 선정된 이유를 설명할 수 있을 것이다.

자의식적 화자의 개입이라는 측면에서 볼 때 세 작가들의 글쓰기 방식에는 각자 나름대로의 개성과 특징이 있으면서도 기존의 문학적 전통에 대한 반성적 성찰, 화자의 허구적 신분과 위상 설정, 독자와의 대화 관계 등에서는 상당히 비슷한 발상을 보이는 것에 주목할 필요가 있다. 라블레와 비교해서 다른 두 작가들의 글쓰기 방식의 특징적 양상들이 어떤 것들인지 위의 기준들을 적용해서 분석해보면 서구 근대소설, 특히 희극소설의 역사적 발전과정을 개략적으로나마 이해할 수 있을 것이다.

마르트 로베르는 『기원의 소설과 소설의 기원』이라는 책에서 근대소설을 두 가지 기준에 의해서 정의했는데, 그 하나는 "계속해서 자신의 정체성을 찾아가는 작업, 자문해보고 스스로를 문제 삼고, 자기 자신의 메시지에 대한 의문과 믿음을 이야기의 주제로 삼는 문학적 경향"이라는 문학의 근대성에 대한 정의에 근거한 것이고, 다른 하나는 영국의 시민혁명 이후에 나타난 부르주아 계급의 성향과 상인 기질이 분명히 반영되어 있는가 하는 근대 시민정신을 기준으로 삼은 것이다.[24] 이 같은 두 가지 기준을 적용해서 그는 세르반테스의 『돈키호테』와 디포의 『로빈슨 크루소』가 근대소설의 효시라고 주장한다. 라블레 작품은 아직 소설로서의

24) Marthe Robert, 앞의 책, 11-12쪽.

격식을 갖추지 못한 것으로 판단했던 것이다.[25)]

라블레가 기존의 문학적 전통에서 그의 구상하는 작품의 성격에 맞는 이상적 모델을 찾을 수 없었던 관계로 당시 유행하던 기사도 소설과 연대기의 스타일을 참조하면서 나름대로 독자적인 서사형식의 작품을 모색해나갔던 것에 비해서, 세르반테스의 『돈키호테』는 처음부터 기사도 소설이라는 특정 모델을 염두에 두고 그 형식과 내용을 의도적으로 패러디한 작품이다. 『돈키호테』가 더 분명하고 체계적인 패러디의 전형을 보여주는 셈인데, 사실 서문에서부터 화자는 이 같은 패러디의 동기와 방법에 관해서 독자에게 자세히 설명하는 것으로부터 이야기를 풀어나간다.

"그리고 자네 책이 이 세상과 속인들 사이에서 차고 넘치며 권위를 갖는 기사 소설을 무너뜨리는 데 목적을 둔 것이라면 굳이 철학자의 금언이나 성경의 충고나 시인들의 우화나 수사학자들의 문장이나 성자들의 기적을 구걸하고 다닐 필요가 없지 않은가. 그저 의미 있고 정결하며 잘 정돈된 단어들로 평범하게 자네의 단문과 복문을 울림이 좋고 유쾌하게 만들어 자네가 의도한 바를 가능한 한 잘 묘사하도록 하게. 자네가 말하려는 개념을 헷갈리게 하거나 난해하게 하지 말고 말일세. 또한 신경 쓸 일은, 자네 이야기를 읽으면 우울함이 웃음으로 바뀌고 웃음은 더 큰 웃음으로 바뀌게 하여, 어리석은 사람은 화를 내지 않고 신중한 사람은 그 기발한 착상에 감탄하고 심각한 사람은 경멸하지 않고 진중한 사람은 칭찬하도록 만드는 걸세. 그렇게 많은 사람들이 증오하지만 더 많은 사람들이 찬양하는 기사 소설의 잘못된 점을 무너뜨리는 데 주안점을 두게나. 여기까지만 달

25) 위의 책, 13쪽.

성해도 적잖은 성과가 아니겠는가."[26]

친구와의 대화 형식으로 진행되는 서문에서 작가는 다른 유형의 작품들을 참조할 것 없이 희극적 글쓰기의 방식으로 기사도 소설을 패러디함으로써 그 해악과 모순을 폭로하겠다고 천명한다. 기사도 소설을 공격하기 위해서 그 주제와 형식을 그대로 빌리면서 다른 의도에 맞게 개작하는 것이다. 린다 허천은 현대적 소설의 특징으로 '자기반영의 원리'(le principe d'auto-réflexion)를 드는데, 글쓰기 방식에 관한 논의 자체를 마치 거울에 상을 비추듯이 작품 속에 그대로 보여주는 경우가 이에 해당한다.[27] 여기에서 중요한 것이 패러디의 개념이다. 이 같은 방식이 적용된 최초의 현대적 소설이라는 평가를 받는 『돈키호테』의 경우, 작가는 이미 상투적인 것이 되어 버린 과거의 문학적 관례를 의도적으로 패러디하면서 그것을 대체할 새로운 문학의 모델을 만들어내게 되는데, 이처럼 "새로운 것의 지속적인 추구와 옛 것의 체계적 위반"을 보여주는 창작 과정이 작품 속에 형상화되어 나타나는 것이 현대적 소설다운 특징을 이루게 된다는 것이다.[28] 세르반테스는 작품 곳곳에서 기사도 소설의 대표격인 『아마디스 데 가울라』를 위시해서 아리오스토의 『광란의 오를란도』 등 유명 작품 몇 편을 패러디의 주 대상으로 삼았다는 사실을 명시적으로 언급하기도 한다. 이미 사라진 과거의 유물에 지나지 않는 기사도에

26) 미겔 데 세르반테스, 『돈키호테 1』, 안영옥 옮김, 열린책들, 2014, 35-36쪽.

27) Linda Hucheon, "Modes et formes du narcissisme littéraire", *Poétique*, 제29권, 1977, 90쪽 참조.

28) Amaryll Chanady, "Le Commencement du roman et la modernité : un modèle universel", Jean Bessière(편), *Commencements du roman*, Honoré Champion, 2001, 80쪽.

집착하는 돈키호테의 시대착오적 망상을 풍자하기 위해서 방랑 기사의 수칙을 그대로 따르는 주인공의 말과 행동을 보여줌으로써 그것이 얼마나 현실과 동떨어지고 우스꽝스러운 짓인지를 독자 스스로가 판단할 수 있게 하는 것이다.

서문뿐 아니라 본문에서도 화자는 독자와의 대화를 통해서 책을 어떻게 쓸 것인가 하는 창작과정에 관한 논의를 계속하는데, 『돈키호테』의 서술방식에서 자의식적 화자로서의 특징이 가장 잘 나타나는 것은 무엇보다도 이 작품에서는 화자의 서술층위와 역할에 따라 서로 구별되는, 적어도 세 종류의 화자가 등장하는 데서 찾을 수 있다. 독자는 작품의 서두에서부터 돈키호테의 모험담을 시작한 화자가 당연히 서문에서의 화자와 동일인물이라고 생각하겠지만, 이 같은 판단은 제1권 제1부 8장의 끝부분에서 느닷없이 또 다른 '작가'의 개입을 통해서 잘못된 것임이 밝혀지게 된다.

"그런데 유감스러운 점은 이 이야기의 작가가 바로 이 순간 이 대목에서 이 싸움 사건에 대한 이야기를 끝맺었다는 사실이다. 지금까지 그가 적어 온 것들 외에는 더 이상 돈키호테의 무훈에 관한 기록을 발견하지 못했다며 용서를 구하고 있는 것이다. 이 작품을 쓴 제2의 작가 또한, 그토록 흥미진진한 이야기가 망각의 법칙에 맡겨져 있다는 것을, 그리고 라만차의 천재들이 이 이야기에 아무런 관심도 가지지 않아 이 유명한 기사를 다루는 그 어떤 서류도 책상이나 문서 보관실에 남겨 두지 않았다는 사실을 믿고 싶지 않았다. 그는 희망을 갖고 이 재미있는 이야기의 결말을 찾아내는 일을 단념하지 않았다. 다행히 하늘이 그를 도왔는지, 제2부에서 보게 될 바와 같은 결말을 발견할 수 있었다."[29]

서문의 화자는 자신이 이 작품을 썼다고 주장했지만, 이 대목에 이르게 되면 그가 결국 두 번째 작가에 해당하는 셈이고, 첫 번째 작가는 기록에 의거해서 이 작품의 첫 부분을 집필했던 별개의 인물이라는 사실이 밝혀진다. 뒤이어 제2부 9장에서 화자로서 '나'라고 말하고 있는 두 번째 작가는 어느 날 톨레도의 알카나 시장에서 한 소년이 아랍어로 씌어진 잡기장과 서류뭉치를 비단장수에게 팔려는 것을 보고 호기심이 생겨서 에스파냐어를 아는 무어인을 찾아 번역을 시켜보았더니 그것이 놀랍게도 자취를 찾을 수 없었던 돈키호테의 모험의 후속편이었다고 설명한다. 이렇게 해서 앞에서 중단되었던 이야기는 "아라비아의 역사가 시데 아메테 베넹헬리가 쓴 돈키호테 데 라만차의 이야기"의 번역을 통해서 이어지게 되는 것이다. 그러니까 이 아라비아의 역사가가 이 작품의 세 번째 작가가 되는 셈인데, 앞서 이 원고를 찾게 된 과정을 설명했던 서문에서의 화자 겸 두 번째 작가는 퇴장하지 않고 여전히 남아서 아라비아의 역사가가 서술하는 돈키호테의 모험담에 관해서 논평을 계속한다. 아라비아의 역사가가 서술(narration)을, 서문의 화자가 주석(commentaire)을 담당하는 식으로 역할 분담이 이루어지는 것이다.

"이 이야기의 진실성에 대해 약간 의심이 가는 구석이 있다면, 작가가 아랍 사람이라는 점이다. 그 민족 사람들은 거짓말쟁이로 정평이 나 있다. 또한 그들은 우리의 불구대천 원

---

29) 미겔 드 세르반테스, 앞의 책, 134쪽.

수이기 때문에 마땅히 써야 할 것들을 쓰지 않는 경우도 있을 것으로 여겨진다. 그토록 훌륭한 기사를 칭찬하는 데 펜을 더 놀릴 수 있었을 텐데 일부러 그 칭찬거리들을 빠트리고 간 것처럼 보이기 때문이다. 이런 일은 나쁜 행동에 나쁜 생각이다. 역사가란 사실을 정확하게 그대로 기록해야지 사사로운 감정에 사로잡혀 개인의 욕심이나 두려움이나 한이나 편애와 같은 감정으로 진실을 왜곡해서는 안 되는 법이다. 역사는 진리의 어머니요 시간의 경쟁자이자 모든 행위의 창고이며 과거의 증인이고 현재의 본보기이자 깨우침이며 미래를 위한 경고이기 때문이다. 가장 온건한 책에서 기대할 수 있는 그 모든 것을 이 이야기 속에서 발견할 수 있을 것이라고 나는 생각한다. 만일 이 이야기에 무엇인가 좋은 점이 부족하다고 느껴진다면 그것은 인물의 잘못이라기보다는 이 이야기의 작가인 개 같은 무어인의 책임이라고 나는 말하고 싶다. 아무튼 이 이야기의 제2부는 번역에 의하면 다음과 같이 시작되고 있다."[30]

이렇게 이중의 화자를 등장시킴으로써 작가는 언제든지 이야기의 진행을 중단시키고 개입할 수 있는 근거를 마련하게 된다. 진실 여부가 미심쩍은 사건에 대해서 의문을 제기하거나 자신의 판단을 독자에게 직접 전달하는 방식으로 이야기의 사실적 환상을 스스로 훼손하면서 희극적 대화 상황을 연출하는 것이다. 독자와의 유희적 공감대를 높이며 작품의 창작 과정에 독자의 참여를 유도하기 위한 매우 효과적인 방법이라 할 수 있다.

자의식적 화자와는 다른 발상이지만 소설을 읽은 독자와 작중인물들이 한 자리에 모여 대화를 나누는 기발한 상황을 설정한 것 역시 작가의 독

---

30) 위의 책, 143-144쪽.

창성과 글쓰기에 대한 문제의식을 여실히 보여주는 것이다. 『돈키호테』 제2권은 제1권이 나온 지 10년 후인 1615년에 출판되었는데, 제2권 4장과 5장에서는 『돈키호테』 제1권을 이미 읽은 삼손 카라스코라는 학사 출신의 독자가 돈키호테와 산초 판사를 상대로 궁금한 점을 질문하며 대화를 나누는 기상천외한 상황이 벌어진다. 소설 공간의 안과 밖, 허구와 현실 사이의 경계가 더 이상 존재하지 않는 것이다. 이처럼 세르반테스는 『돈키호테』에서 단순히 이야기를 들려주는 것과는 다른 차원에서 새로운 소설을 어떻게 쓸 것인가 하는 글쓰기의 문제를 본격적으로 제기하고 있다. 기사도 소설을 패러디하기 위해서 기사도 소설의 상투적 스타일을 풍자적으로 희화하고 과장하는 방식으로 그 시대착오적 성격과 허구성을 낱낱이 드러내 보이는 데 성공한 『돈키호테』는 그 명성만큼이나 근대 소설의 발전 과정에서 한 획을 그은 중요한 작품임에 틀림없다.

루키아노스로부터 시작되는 서구 풍자문학의 계보에서 중심적 위치를 차지하는 이 세 작가들 모두가 자신에게 결정적 영향을 미친 과거로부터의 문학적 전통을 정확히 인식하고 있었던 것으로 보인다. 라블레와 세르반테스의 작품에 루키아노스의 이름이 종종 언급되며, 가장 후대에 속하는 스턴의 경우만 하더라도 자신에게 영향을 미친 대표적인 작가들로 이 세 사람의 이름을 분명히 밝히고 있는 것을 볼 수 있다.

"- 루키아노스의 묘비에 걸고, - 만약 그런 게 존재한다면 말이다, - 없다면, 뭐 그의 유해에 걸고! 나의 경애하는 라블레와, 또한 더욱더 경애하는 세르반테스의 유해에 걸고 말하건대, - 아버지와 토비 삼촌의 시간과 영원성에 대한 담화는 - 우리가 경건히 소망할 만한 것이었다!"[31]

스턴이 이 세 작가들의 이름을 나란히 열거하며 존경심과 친밀감을 표시하는 것은 그만큼 자신의 작품이 그들의 영향을 직접 받았고 같은 계열에 속한다는 사실을 인정하기 때문일 것이다. 루키아노스 시대에는 아직 희극소설에 해당하는 유형의 작품들이 없었으므로 풍자문학이라는 용어를 대신 사용하자면, 루키아노스에서 시작해서 스턴에 이르기까지 풍자문학의 계보에서 가장 대표적인 작가를 꼽는다면 누구나 라블레와 세르반테스를 제일 먼저 언급하지 않을 수 없을 것이다. 그런데 문제는 희극소설로 그 대상을 한정하려 할 때 두 작가에 대한 평가는 기준에 따라 상당한 차이를 보인다는 점이다. 프랑스문학 전공자들을 제외하면, 독문학자인 마르트 로베르가 그랬던 것처럼, 라블레의 작품을 소설에 포함시키지 않으려는 것이 일반적 추세라 할 수 있기 때문이다.[32] 세르반테스에 대해서는 누구나 인정하는 근대소설의 효시라는 평가가 과연 라블레에게는 해당되지 않는 것인지 여부를 판단하기 위해서는 부스가 희극

31) 로렌스 스턴, 『신사 트리스트럼 섄디의 인생과 생각 이야기』, 김정희 옮김, 을유세계문학전집 51, 2012, 237쪽.

32) 예외적으로 밀란 쿤데라는 라블레와 세르반테스 두 사람과 함께 현대소설이 생겨난 것으로 평가하는데, "도덕적 판단이 정지된 영역"이라는 것이 그가 현대소설을 정의하는 기준이다. (Milan Kundera, *Les Testaments trahis*, Gallimard, 1993, 16쪽, Danielle Perrot-Corpet, "Récit sceptique, morale cynique : la modernité en question dans *Le Tiers Livre et Don Quichotte*", Christian Michel(편), *Naissance du roman moderne : Rabelais, Cervantès, Sterne,* Publications des Universités de Rouen et du Havre, 2007, 79쪽에서 재인용.

소설의 필수조건으로 간주했던 자의식적 화자라는 개념이 라블레 작품에 적용 가능한지를 확인해볼 필요가 있다. 팡타그뤼엘 연작의 서문만이라도 제대로 읽어본 독자라면 어떻게 그의 작품을 소설이 아니라고 하는지에 대해서 오히려 의아하게 생각할 수도 있을 것이다. 장터의 장사꾼처럼 허풍과 욕설을 섞어가며 독자를 상대로 자유롭고 활달하게 이야기를 풀어나가는 이야기꾼의 익살스러운 사설과 입담은 충분히 개성적인 것이고, 자신이 작품을 쓰게 된 동기와 서술 방식에 관하여 언급하며 기발한 상상력과 순발력으로 이야기를 엮어나가는 솜씨 역시 거침이 없어 세르반테스에 비해서 전혀 손색이 없기 때문이다. 『가르강튀아』의 서문에서 전설적인 거인왕의 환상적 연대기의 진실성을 과장되게 역설하는가 하면 독자에게 신의를 지켜 자신의 작품을 좋은 쪽으로 해석해달라고 당부하면서 이중적 독법의 가능성을 제시하는 화자, "제5원소의 추출자인 알코프리바스 선생"이라는 허구적 신분과 독자적 역할을 부여받은 작중 화자는 분명히 자의식적 화자의 전형적 모습이다.

문제는 라블레 작품이 소설로서의 자격 요건을 갖추지 못했다는 판단 때문이 아닐까 싶은데, 이것 역시 내용이나 형식에 아무런 제한이 없다는 것이 소설이라는 장르의 가장 큰 특징이자 장점이라는 점을 감안하면 결격사유가 되지 않는 것이다. 중세 기사도 소설을 근대소설과 구별지어 소설의 범주에서 제외시키고, 같은 기준에 따라 기사도 소설의 패턴을 따르고 있는 『가르강튀아』와 『팡타그뤼엘』 역시 소설의 형식을 갖추지 못한 것으로 판단한 것으로 추측해볼 수도 있다. 그리고 『제3서』는 그리스 고전문학에서 시작된 대화록 형식의 작품들과 비슷하다는 이유에서, 또한

『제4서』와 『제5서『는 루키아노스의 『진실한 이야기』처럼 환상적 여행기라는 이유에서 정통적 소설과는 거리가 있다는 것이 라블레 작품을 소설로 인정하지 않으려는 학자들의 관점이라 할 수 있다. 그러나 이 같은 논리대로라면 기사도 소설을 패러디한 세르반테스의 『돈키호테』나 스위프트의 『걸리버 여행기』 역시 소설이 아니라는 주장도 나올 법하다. 물론 소설의 시대를 17세기 이후로 한정하려는 서구문학사의 일반적 경향도 무시할 수는 없을 것이다. 그렇지만 라블레가 작품을 쓰던 당시만 하더라도 기사도 소설이나 그리스·라틴 고전 외에 그가 다른 형식의 모델들을 찾을 수 없었다는 시대적 상황을 고려해야만 한다. 라블레는 이 작품들의 주제나 형식을 답습한 것이 아니라 그것을 도약의 발판으로 삼아 시대를 앞선 새로운 형식의 소설을 창조해낸 것이다. 이 모델들은 그의 창작의 출발점이었을 뿐, 그의 목표가 될 수는 없었던 것이다. 이 같은 사실은 그가 기존의 작품들을 이용해서 어떻게 전혀 다른 새로운 글쓰기 방식을 만들어내는 데 성공했는지를 확인해보면 알 수 있는 것이다.

18세기 영국 작가 로렌스 스턴의 『트리스트럼 섄디』는 자의식적 화자를 전면에 내세워 라블레나 세르반테스보다도 훨씬 더 다양하게 체계적으로 새로운 희극적 글쓰기의 실험을 시도한 작품이다. 기존의 희극소설에서 볼 수 없었던 독창적이고 혁신적인 서술방식을 개발하기 위해서 작가가 고심했던 흔적이 작품 곳곳에서 눈에 띈다. 이 작품은 주인공 트리스트럼이 출생하기도 전인 그의 잉태과정에서부터 이야기가 시작되는데, 정작 그의 출산은 제3권 23장에 가서야 닥터 슬롭이 부엌에서 브리지를 만들고 있다는 토비 삼촌의 하인 트림의 보고를 통해서 간접적으로 전해질 뿐 출산장면은 나오지도 않는다. 출산과정에서 의사가 겸자를 잘못 사용해서 아이의 코가 뭉개지는 바람에 하녀 수잔나의 코르셋에서 빼낸 고래 뼈로 가짜 콧대를 만들고 있다는 것이다. 이처럼 주인공 겸 화자인 트리스트럼은 놀랍게도 이 세상에 태어나지도 않은 상태에서 화자의 역할을 수행하는, 우리의 상식을 뛰어넘는 기상천외한 상황 속에서 이야기가 진행된다.

"- 나의 경우만 해도 지난 6주 동안 속력을 내느라 힘껏 노력하면서 그 일에 매진해 왔다. - 그런데 난 아직 태어나지도 못했다. - 겨우 해낸 것이 *언제* 그 일이 일어났는가이고 *어떻게는* 건드리지도 못했다. - 그러니 당신도 보다시피 그 일이 완성되려면 아직 갈 길이 멀고도 멀다.

이처럼 뜻밖에 길을 멈추게 하는 사태가 내가 처음 출발했을 때는 전혀 예측조차 못했음을 인정한다. - 그런데 지금은 길을 나아가는 중에 이런 일이 줄어들기보다는 늘어날 것이라는 확신이 든다. - 그러다 보니 한 가지 지침이 떠올랐고 난 그것을 따를 생각인데, - 그게 뭐냐 하면 - 서두르지 말고, - 한유롭게 천천히 길을 가며, 1년에 두 권씩 내 인생 이야기를 써서 출판하기로 하고, - 그렇게 조용히 내 길을 가는 게 허용된다면, 또 출판사와 괜찮은 흥정을 할 수 있다면, 그 일을 살아 있는 한 계속한다는 것이다."[33]

작가의 원래 계획과는 조금 차이가 나지만 어쨌든 이 작품은 1759년 제1,2권을 한 책으로 묶어 출판한 것을 시작으로 2권씩 1년에서 3년 간격으

33) 로렌스 스턴, 앞의 책, 52쪽.

로 출판하다가 마지막 제9권은 1767년에 나오게 된다. 위의 예문에서 집필 계획을 미리 밝힌 것으로도 짐작할 수 있듯이 작가의 구상과 창작 과정이 텍스트 속에 소상히 밝혀져 있는 것이 이 작품의 특색이다. 작가 자신에 대해서, 그리고 어떻게 쓸 것인가 하는 글쓰기의 문제에 관한 논의를 책 속에서 진행해나가는 전형적인 자의식적 화자의 모습을 확인할 수 있는데, 사실 이 작품에서는 사건다운 사건이라고 할 만한 부분은 많지 않고 대부분의 이야기가 화자와 다양한 부류의 독자들 사이의 대화, 그리고 주인공의 아버지 월터와 토비 삼촌, 그의 하인인 트림 상병, 하녀 수잔나, 닥터 슬롭, 과부인 워드먼 부인 같은 작중인물들 사이의 대화로 이루어져 있다.

"글쓰기란, 그것을 제대로 관리했을 때, (내가 내 글이 그렇다고 생각한다는 것은 당신도 알 것이다) 단지 대화의 또 다른 이름이라 할 수 있다. 좋은 사람들과 함께하는 자리에서 어떻게 처신해야 하는지를 아는 사람치고 혼자서 이야기를 독점하는 사람은 없을 것이다.- 따라서 예의범절과 교양의 올바른 범주를 이해하는 작가라면 감히 혼자서 모든 것을 생각해 내는 무모한 짓은 하지 않을 것이다. 당신이 독자의 이해력에 진정으로 존경심을 표하고 싶다면 글 쓰는 일을 사이좋게 반 토막 내어, 독자도 작가처럼 상상할 거리를 남겨주어야 한다.

나로 말할 것 같으면, 이런 종류의 예의를 끊임없이 실천하고 있다. 나는 독자의 상상력이 나의 상상력처럼 분주히 움직이게 도와주기 위해, 내 힘닿는 대로 모든 노력을 경주하고 있다."[34]

---

34) 위의 책, 137쪽.

독자가 작중인물들에 관해서 묘사된 것보다 더 많이 알게 되고 그들을 살아 있는 인물처럼 느끼게 되는 것은 "그들 특유의 사사로운 의식 내용 – 연상은 가장 밀접한, 따라서 가장 중요한 의식을 선택할 것이므로 – 을 한 마디씩 주고받는 대화로써 그렸기 때문이다."[35] 작중인물들에 대한 설명이나 묘사 대신 그들의 말을 통해서 그들의 인생과 생각이 밝혀지게 하는 방식으로 이야기가 진행된다는 것이다. 존 로크에게서 착안한 "생각의 연상"이 이 작품의 서사를 이끄는 근본 원리라고 할 수 있는데,[36] 일정한 줄거리 없이 화자나 작중인물들의 생각을 따라가는 식으로 이야기가 진행되다 보니 작품의 구성이 산만해지고 계속 곁가지를 치듯이 여담으로 흐르게 되는 것이다. 스턴이 좋아하고 영향을 많이 받았던 작가로 알려진 몽테뉴의 『에세』에서처럼 작가의 머릿속에 떠오르는 상념을 따라 가다 보면 이야기는 완결되지 않고 시간의 경과에 따라 계속 연장되게 마련인 것이다. 트리스트럼이 죽을 때까지 이 작품을 쓰겠다고 공언한 것은 "자신의 삶에 관한 사실뿐만 아니라, 자신이 생각하고 느끼는 것, 더 나아가 자신의 견해를 밝히는 것이 그의 글의 주목적이라면, "생각의 연상"의 지배를 받는 트리스트럼의 이야기는 결코 끝이 날 수 없는 것"[37]이 어쩌면 당연한 귀결일지도 모르기 때문이다.

화자와 독자 사이의 대화 역시 종래의 희극소설들에 비해서 훨씬 더 다양하고 체계적이다. 화자가 상대하는 가상의 독자들이 대화의 주제와 상

35) 김성균, 『*Tristram Shandy* 연구 – 작가의 독자 의식과 소설의 구성』, 연세대학교 대학원, 1979, 76쪽.

36) 김일영, "스턴의 서술기법과 그의 세계", 『영국소설과 서술기법』, 신아사, 2010, 64쪽.

37) 위의 글, 65쪽.

황에 따라 각각 성별과 신분이 다른 인물로 설정되는 식의 변화가 나타나기 때문이다. 그리고 독자들은 수동적으로 트리스트럼의 이야기를 듣기만 하는 것이 아니라 때로는 맞대응을 해가며 화자와 함께 작품에 관한 논의에 참여하기도 하고, 위의 예문에서 지적했듯이 독자가 상상력을 발휘해서 화자가 다 설명하지 못한 공백을 메꾸어야 하는 상황도 있을 수 있다. 제6권 38장에서 토비 삼촌이 사랑에 빠진 과부 워드먼 부인의 유혹적인 모습을 화자가 직접 묘사하는 대신 독자의 상상력에 그 역할을 맡기는 기발한 발상을 보여주기도 한다.

"그녀를 제대로 상상해 보기 위해, - 펜과 잉크를 가져오시지요. - 종이는 여기 준비되어 있습니다. - 선생님, 여기 앉아서, 당신 마음에 맞춰 그녀를 그려 보십시오. - 가능한 한 당신의 애인과 닮게 하고 - 당신의 아내와는 양심이 허용하는 한 다르게 그리십시오. - 저야 아무 상관이 없으니 - 당신의 상상력을 한껏 펼쳐 보시지요.

(...)

- 대자연 속에 이렇듯 어여쁜 것이 어디에 또 있을까! - 이렇듯 절묘하게 아름답다니!

- 그러니 친애하는 선생님, 토비 삼촌이 어떻게 저항할 수 있겠습니까?

세 배나 복 받은 책이로구나! 그대의 앞뒤 표지 사이에는 악의가 오명을 씌우거나, 무지가 잘못 전달할 수 없는 페이지가 최소한 한 장은 있지 않느냐."[38]

이 앞뒤 예문 사이에는 두 페이지의 백지가 삽입되어 있다. 독자가 마음대로 자신이 상상하는 가장 아름답고 매력적인 여인의 모습을 그려 넣

38) 로렌스 스턴, 앞의 책, 582-584쪽.

으라는 것이다. 그리고 그 페이지에는 독자의 진심이 담겨져 있으니 "악의가 오명을 씌우거나, 무지가 잘못 전달할 수 없는", 다시 말해서 악의적 왜곡이나 오독할 염려가 없는 진실이 담기게 될 것이라는 주장이다.

『트리스트럼 섄디』의 서술방식의 또 다른 특징 중의 하나는 마치 현재 벌어지고 있는 사건을 화자가 관찰하며 보고하는 것처럼 사건의 시간과 서술의 시간을 일치시키려는 경향이 나타난다는 것이다. 완결된 과거의 사건으로 처리하는 대신 화자와 작중인물들이 같은 시간·공간대에 위치한 동시적 상황으로 독자에게 현장 중계하듯이 이야기를 들려주는 것이다.

"토비 삼촌이 잠에 떨어지는 데는 그의 꼬치구이 장치가 열두 번이나 회전할 필요도 없었다. - 두 분 모두에게 평화가 함께하기를. - 닥터 슬롭은 산파와 함께 작업 중이고, 나의 어머니는 위층에 계시고, - 트림은 낡은 긴 장화 한 켤레로 내년 여름 메시나 공격에서 사용할 박격포를 만드느라, - 지금 이 순간 뜨겁게 달군 부지깽이 끝으로 점화구를 뚫고 있고, - 나의 모든 주인공들이 내 손을 떠나 있으니, - 처음으로 한가한 순간을 맞은 셈이다, - 해서 이 시간을 활용해 서문을 쓸까 한다."[39]

보통 작품 첫머리에 서문이 나오는 것과 달리 작중인물들의 행동에 관심을 가질 필요가 없는 한가한 시간을 이용해서 사건의 진행을 정지시키고 이야기 도중에 서문을 쓰겠다는 것이다. 사건의 구성이나 이야기의 진행 모두 화자가 임의로 처리할 수 있는 것이 아니라 사건의 진행 상황에

39) 위의 책, 238쪽.

따라 조정해야 한다는 말이다. 통상적으로 현대소설에서 현재 진행형으로 이야기가 진행될 때는 주인공의 의식의 전면에 떠오르는 상념을 바로 그 순간에 포착하기 위한 것인데 반해서, 스턴의 경우에는 화자와 작중인물들이 같은 소설공간 속에서 사건을 같이 겪고 있고, 따라서 화자 역시 인물들과 마찬가지로 앞으로 사건이 어떻게 전개될 것인지 예측할 수 없는 상황이라는 점을 강조하고 있는 것이다. 물론 심리소설 계통의 작가들이 주장하듯이 인물들의 자율성을 주장하기 위한 것은 아니다. 희극소설에서는 이 같은 상황 설정이 화자가 지금 서술하고 있는 사건이 어떤 필연적 사실관계와도 상관없이 독자가 함께 만들어나가는 허구에 지나지 않는다는 사실, 다시 말해서 그 작위적 성격을 부각시킴으로써 독자와의 대화에서 어떻게 쓸 것인가 하는 창작 과정에 대한 논의를 활성화시키기 위한 장치로 사용되는 경우가 많다.

『트리스트럼 섄디』는 메니포스 식 풍자문학의 전통을 계승한 것[40]으로 볼 수 있는 설교문, 계약서, 웅변, 프랑스어와 라틴어로 씌어진 여러 유형의 문서, 삽입된 독립적 일화들, 편지, 시와 노래 등 이질적 장르들을 혼합하는 방식과 함께, 삽화와 도형, 무늬, 다양한 형태의 선과 문자 등을 사용해서 보통 책들과 달리 시각적으로도 그 독창성과 실험 정신이 돋보이는 파격을 시도했다는 점에서도 주목할 만한 작품이다. 검은 직사각형이 두 페이지에 걸쳐 지면 전체를 차지하는 요릭 목사의 묘비, 당시의 유명한 풍속화가였던 호가스(Hogarth)의 삽화, 작품의 알록달록한 상징이라는 대리석 문양, 세로로 단어들을 나열한 목록들, 제4권 23장과 25장

40) 김일영, 앞의 글, 63쪽.

사이에 한 장(章) 전체가 빠진 것으로 10페이지를 건너뛰어 매긴 페이지 번호, 제1권부터 제5권까지의 이야기의 진행 방식을 선의 움직임으로 표시한 도형, 트림이 휘두른 지팡이의 궤적을 그린 구불구불한 선 모양, 제9권에서 제18장, 제19장이라는 제목만 인쇄된 장, 생략된 부분을 표시하는 별표, "누가 보아도 곧 스턴의 페이지인 것을 알아보게 하는 낱말들 사이의 대시(dash)"[41] 등 작가가 사용한 특수한 표기법과 그림, 도형들은 매우 다양하고 전례가 없는 독창적 시도인 경우가 대부분이어서 새로운 글쓰기 방식을 적용해보려는 작가의 기발한 발상과 재치를 유감없이 보여주는 예들이다.

18세기 프랑스의 대표적 반소설이라는 평가를 받는 디드로의 『운명론자 자크와 그의 주인』은 스턴의 영향을 많이 받은 작품으로 알려져 있다. 자크의 사랑 이야기는 『트리스트럼 섄디』 제8권에서 트림 상병이 들려주는 그의 상처를 치료해준 베긴회 수녀와의 짧은 연애 경험담에 착안해서 그것을 작품 전체의 기본 줄거리로 확대 발전시킨 것이다. 스턴의 경우 몇 페이지로 끝나버리는 짧은 에피소드가 디드로에 와서는 마치 엿가락을 뽑듯이 이야기가 작품이 끝날 때까지 계속 연장되는 것이다. 디드로는 스턴에게서 차용했다는 사실을 공개적으로 밝히기를 주저하지 않는다.

"여기 『트리스트램 섄디』의 생애에서 베낀 두 번째 문단이 있다. 운명론자 자크와 주인

---

41) 김성균, 앞의 책, 67쪽.

의 대담이 이 작품보다 먼저 쓰이지 않았고, 또 스턴 목사가 표절자가 아니라면 말이다. 그런데 난 그를 표절자라고 생각하지 않는다. 스턴에 대한 나의 특별한 존경심은 그를 그의 나라 문학가 대부분과 구별하게 하는데, 그들에겐 우리 것을 훔치고서도 욕설을 퍼붓는 습관이 있다."[42]

밀란 쿤데라는 로렌스 스턴의 『트리스트럼 섄디』와 드니 디드로의 『운명론자 자크』를 "18세기의 가장 위대하고 거대한 유희로 구상된 두 편의 소설"로 평가했는데,[43] 디드로가 스턴의 영향을 솔직히 인정했다고 해서 그의 작품의 가치가 평가절하되지는 않는다. 『운명론자 자크』 역시 자의식적 화자를 등장시켜 독자와의 대화를 통해서 글쓰기 과정에 대한 논의를 본격적으로 전개해나가는 독자적인 방식으로 전통소설에 대한 반성적 성찰을 시도했다는 점에서 18세기 프랑스의 대표적 반소설이라는 평가를 받을 자격이 충분한 작품이기 때문이다.

"그들은 어떻게 만났는가? 모든 사람들처럼 어쩌다 우연히. 그들의 이름은 무엇인가? 그게 당신과 무슨 상관인가? 그들은 어디서 오고 있었는가? 가장 가까운 곳에서. 그들은 어디로 가고 있었는가? 사람들은 자기가 가는 곳을 안단 말인가? 그들은 무슨 말을 하고 있었는가? 수인은 아무 말도 하지 않았고, 자크는 그의 전 주인인 대위가 "여기 우리에게 일어나는 모든 좋고 나쁜 일을 저기 높은 곳에 씌어 있다."라고 말했다고 했다."[44]

---

42) 드니 디드로, 『운명론자 자크와 그의 주인』, 김희영 옮김, 민음사, 2013, 419쪽. 이하 『운명론자 자크』로 약칭한다.

43) Milan Kundera, *L'Art du roman*, Gallimard, 1986, 27쪽.

44) 드니 디드로, 앞의 책, 7쪽.

작가는 작품의 서두에서부터 화자의 서술 대신 가상의 독자의 질문으로 이야기를 시작한다. 작중인물들의 정체가 무엇이고 무슨 목적으로 여행을 하는 것인지 통상적으로 소설을 시작할 때 도입부에서 화자가 미리 해주기 마련인 사전 설명이 빠져 있으므로 궁금증을 풀기 위해서 독자가 연거푸 질문을 던지지만 화자는 자기도 모른다는 식으로 퉁명스럽게 타박을 줄 뿐이다. 마치 지금 벌어지고 있는 사건이라 화자 역시 자초지종을 알 수 없는 처지이니 공연히 쓸데없는 질문으로 자신을 귀찮게 하지 말라는 식이다. 정상적인 소설의 시작과는 판이하게 다른 파격을 시도하고 있는 셈이다.

『운명론자 자크』는 자크와 그의 주인의 대화를 중심으로 이야기가 전개된다. 여행의 무료함을 달래기 위하여 주인은 길을 가면서 거의 조건반사적으로 자크에게 사랑 이야기를 들려달라고 조르는데, 하인이 이야기를 시작하기만 하면 얼마 지나지 않아 여행 중에 일어나는 갖가지 사소한 돌발 사건들 때문에 사랑 이야기가 중단될 수밖에 없는 상황이 반복되는 것이다. 결국 여행의 행선지와 목적, 그리고 자크의 사랑 이야기의 결말은 마지막에 가서야 알 수 있게 되어 있는 것이 이 작품의 구성상의 특징이다. 여기에 『돈키호테』와 마찬가지로 여행 중에 만난 인물들이 들려주는 별개의 일화들이 상당히 긴 분량을 차지하는 피카레스크 소설[45)]

---

45) 17세기 에스파냐에서 유행하던 풍속소설에서 유래한 소설의 유형으로 하층계급 출신의 영리한 주인공이 하인 노릇을 하며 여러 주인들을 전전하는데, 사회의 비리와 모순을 자신에게 유리하게 교묘히 이용해가며 성공적으로 일생을 보내고 나서 자신이 살아온 이야기를 만년에 회고록 형식으로 들려주는 것이다. 주제 면에서는 당시 사회에 대한 풍자와 고발적 성격이 강하고, 형식적으로는 기본 줄거리에 여러 인물들이 들려주는 독립적 일화들이 수시로 삽입되는 식으로 매우 느슨한 구조로 되어 있는 것이 특징이다.

식의 구성을 보이는 것도 이 작품의 서술방식에서 특기할 만한 점이다.

스턴의 직접적 영향이라고 볼 필요는 없겠지만, 희극소설의 전통과 관련해서 기존 소설과는 다른 새로운 형식의 소설을 시도해보겠다는 작가의 문제의식은 작품 곳곳에서 확인된다.

> "내가 소설을 쓰고 있지 않다는 것은 확실하다. 소설가라면 틀림없이 사용했을 것을 무시하고 있으니까 말이다. 내가 쓰는 것을 진실로 간주하는 자는 허구나 우화로 간주하는 자보다는 오류를 덜 범하는 셈이다."[46)]

여기서 화자가 말하는 소설은 줄거리 위주의 전통소설이다. 그리스 모험소설에서와 같이 남녀 주인공들이 사랑을 하면서 겪게 되는 납치, 폭풍우, 난파 등으로 인한 이별, 그리고 각자 여러 가지 모험과 시련을 겪은 후에 이루어지는 재회, 행복한 결혼 순으로 상투적인 일련의 사건들로 짜여 있는 줄거리는 너무 뻔한 이야기의 진행과 결말이 예측 가능하기 때문에 사실성과 긴장감이 떨어지고 독자들을 식상하게 만들 뿐이다. 현실에서는 전통소설에서와 같이 판에 박힌 대로 사건이 극적으로 진행되지 않는다는 것, 얼마든지 예상치 못한 돌발 상황이 사건의 방향을 바꾸어 놓을 수 있는 것이 우리가 사는 현실세계의 모습에 가까운 것이라는 주장이다. 그것이 '허구나 우화'가 아닌 진실을 담을 수 있는 새로운 소설이 지향하는 목표가 되어야 한다는 것이다.

46) 위의 책, 24쪽.

"독자여, 그대도 보다시피 내 이야기는 순조롭게 진행되고 있다. 내 마음대로 자크와 주인을 헤어지게 하고 그들을 온갖 위험에 처하게 하여, 그대로 하여금 자크의 사랑 이야기를 일 년, 이 년 혹은 삼 년 후에나 듣게끔 기다리게 하는 것도 오로지 내 손에 달렸다. 주인을 결혼시켜 아내를 빼앗긴 남편으로 만들거나, 섬으로 가는 배에 자크를 태워 주인도 그쪽으로 인도하고, 그리하여 그 두 사람을 같은 배에 태워 프랑스로 돌아오게 한다 해도 누가 뭐라 할 것인가? 콩트를 쓴다는 것은 얼마나 쉬운 일인가? 하지만 그들은 다만 불편한 하룻밤을 보내기만 하면 되었고 그대는 그동안만 기다리면 되는 것이다."[47]

이야기를 꾸며내는 것은 전적으로 작가의 소관이라는 점을 상기시키면서, 콩트라면 그렇게 쓰겠지만 자신의 작품은 실제로 현실세계에서 일어날 수 있는 일들을 사실에 부합되게 재현하기 위한 것이므로 극적인 사건 없이, 다시 말해서 기존의 소설들에 익숙한 독자들의 예상을 의도적으로 무산시키며 평범한 일상적 사건만으로도 얼마든지 작품을 쓸 수 있다는 것을 보여주겠다는 것이다. 콩트의 경우는 원래 전해 내려오는 옛날이야기처럼 비현실적 허구를 가리키는 것이기 때문에 이야기의 사실성 여부는 아무 문제가 되지 않는다. 디드로가 전통 소설이나 콩트와는 다른 방식으로 그가 쓰고자 하는 새로운 유형의 작품에 특별한 명칭을 붙이지는 않았지만, 그것이 기존의 모험소설들에서 보아왔던 상투적인 사건들로 점철된 스토리 위주의 소설에서 탈피해보겠다는 작가의 의지가 반영된 것이라는 사실에는 이론의 여지가 없다. 실제로 디드로의 만년에 씌어진 그의 소설 삼부작 중에서 『수녀』(1760)는 서간체 소설이고 『라모의

47) 위의 책, 9-10쪽.

조카』(1760~1772)는 대화 형식, 그리고 『운명론자 자크』(1773)[48]는 대화 중심의 여행기로 각각 다른 서술형식을 시도했다는 점에서도 그가 얼마나 전통소설과는 다른 새로운 유형의 소설을 찾으려고 노력했는지를 짐작할 수 있다. 이 작품들은 대화 중심의 서술형식이라는 큰 틀에서는 공통점이 있지만, 구체적인 이야기의 진행 방식에서는 상당한 차이를 보인다. 『수녀』는 편지라고는 하지만 수신자의 답신 없이 회고록에 가깝게 쉬잔느라는 박해 받는 수녀의 일방적인 긴 독백으로 되어 있는 작품이고, 『라모의 조카』는 약간의 서술 부분을 제외하면 거의 전적으로 철학자인 '나'와 당대의 유명한 음악가 라모의 조카라는 가상의 인물 사이의 대화로 이루어진 작품인데 비해서, 『운명론자 자크』는 여행에 관한 화자의 서술과 함께 화자와 독자 사이의 대화, 자크와 그의 주인을 위시한 작중인물들의 대화, 그리고 별도로 삽입되어 있는 독립적 일화들이 이야기의 거의 대부분을 차지하는 말 중심의 여행기이다.

어떻게 쓸 것인가 하는 창작과정에 대한 논의가 『운명론자 자크』에서는 사건의 전개 방향에 관하여 가능한 여러 줄거리들 중에서 독자가 선택할 수 있게 참여를 유도하는 단계로까지 발전한다. 여행을 시작하고 얼마 지나지 않아 자크와 그의 주인이 폭우를 피해 급히 숙소를 찾는 대목에서 화자는 그들이 머문 곳을 구체적으로 밝히기를 거부한다. 그러면서 가능한 여러 숙소들을 열거한 다음 그중에서 가장 적합하다고 생각하는 곳을 독자에게 선택하라고 제안하는 것이다. 그런데 이처럼 독자와 상의

48) 디디로의 소설들은 작가가 1784년에 세상을 떠난 후 유고들을 정리해 출판한 것이기 때문에 실제 집필 시기로 추정되는 위의 연대와 출판년도 사이에는 상당한 차이가 있다. 『수녀』는 1796년, 『라모의 조카』는 1805년, 『운명론자 자크』는 1796년에야 출판되었다.

해가며 같이 이야기를 만들어가는 듯이 보이던 문제의 여행기가 작품의 결말부에 이르러서는 『돈키호테』의 경우처럼 다른 사람이 기록한 원고에 의거해서 편집한 이야기라는 것, 다시 말해서 지금까지 사건의 진행을 현장에서 직접 목격하고 서술하는 듯이 보였던 화자가 실제로는 편집자였다는 사실이 밝혀지는 것이다.

"이 두 인물에 대해 내가 아는 모든 것을 그대에게 말했으니 여기서 멈추겠다. - 그렇다면 자크의 사랑은? - 그 이야기를 끝내지 못할 거라고 저기 높은 곳에 씌어 있다고 자크는 수백 번이나 말하지 않았는가. 난 자크가 옳았다는 것을 안다. 그리고 독자여, 그대가 화난다는 것도 안다. 그렇다면 그가 하다 만 이야기를 당신 멋대로 해 봐라. 또는 아가트를 방문하고 자크가 갇힌 마을 이름을 알아봐라. 그러고는 자크를 찾아가 질문을 해 봐라. 그는 당신 요구를 충족하려고 기꺼이 승낙할 것이다. 그것이 그의 무료함을 달래 줄 것이기 때문이다. 내가 수상쩍게 여길 만한 타당한 이유가 있는 회고록에 따라 어쩌면 여기서 누락된 부분을 보충할 수도 있다. 하지만 그게 무슨 소용이란 말인가? 사람들은 자신이 진실이라고 믿는 것에만 관심을 둘 수 있다. 그렇지만 프랑수아 라블레의 『팡타그뤼엘』과 『콩페르 마티외』의 생애와 모험의 발간 이후 가장 중요한 작품인 운명론자 자크와 그의 주인의 대담에 관해 충분히 검토하지 않고 경솔하게 판단할 사람도 있으므로, 내 능력이 닿는 한 공정하게 정신을 집중하여 그 회고록들을 다시 읽도록 하겠다. 그리고 일주일 안에 나의 최종 판단을 말해 주겠다. 나보다 더 똑똑한 사람이 내가 잘못 생각하고 있다고 증명할 때는 취소할 수도 있지만 말이다.

편집자가 덧붙인다. - 일주일이 지났다. 문제의 회고록들을 다시 읽어 보았다. 거기서 난 내가 가진 필사본에는 없는 문단을 세 개 발견했다. 첫 번째와 마지막 문단은 진본처럼 보였지만 가운데 문단은 필경 가필한 것처럼 보였다……. 여기 자크와 주인의 대담에서 두 번째 누락을 가정하는 그 첫 번째 문단이 있다."[49]

이야기의 결말을 독자의 선택에 맡긴다는 것은 작가가 작품을 완결시키는 대신 열린 상태로 남겨둔 채로 그 마무리를 독자의 몫으로 돌린다는 것이다. 라블레나 세르반테스의 경우처럼 화자가 다른 사람의 기록을 참고해서 편집한 것이라고 밝히는 수준을 뛰어넘는 파격적인 제안을 하는 셈이다. 앞에서 사건의 가능한 전개 방향을 독자가 선택해서 결정하라고 제안했듯이, 이야기의 마무리 역시 독자에게 맡긴 채 열린 상태로 작품을 끝내겠다는 것이다. 『돈키호테』 제2권에서 주인공들이 제1권을 읽은 독자를 만나 대화를 나누듯이 소설공간의 안과 밖의 경계가 사라진 상태에서 독자가 참여해서 같이 만들어가는 소설의 글쓰기 방식의 새로운 가능성을 디드로는 제안한 것이다.

우리가 살펴본 라블레, 세르반테스, 스턴, 디드로처럼 서구 근대소설의 발전과정에서 각자 나름대로 결정적 기여를 했다는 평가를 받는 대표적 작가들에게서 공통적으로 확인할 수 있는 사실은 이들이 희극소설 특유의 자의식적 화자의 존재를 적절히 활용해서 기존의 소설들과는 다른 새로운 글쓰기 방식을 시도할 수 있었다는 것이다. 이들의 글쓰기 방식의 공통적 특징들은 대부분 바흐친이 지적한 메니포스 식 풍자문학의 주요 경향들과 겹치는 부분이 많다. 바흐친이 메니포스 식 풍자문학의 특징적 양상으로 꼽

49) 위의 책, 417-418쪽.

았던 대담한 상상력과 창의성을 자유롭게 발휘할 수 있는 실험적 성격이 강하다는 것, 현실과 비현실의 경계가 사라지고 일상의 규범과 격식으로부터의 이탈이 가능하다는 것, 문체와 언어의 파격적 용법, 형식적 제약으로부터 자유롭게 다양한 장르들의 삽입이 허용되고 현실과의 친숙한 접촉, 당대의 시사적 문제에 대한 비판과 풍자가 가능해지는 것 등 모두가 작가에 따라 정도의 차이는 있겠지만 이들의 작품에서 공통적으로 확인할 수 있는 주요 특징들이기 때문이다.

서구 근대소설의 발전 과정에서 소설의 글쓰기 방식에 대한 반성적 성찰을 주도해온 희극소설의 도전과 실험 정신은 오늘날에도 여전히 유효한 것이다. 현실을 희화적으로 인식하고 재현하던 희극소설의 시대는 지났다 하더라도, 어떻게 쓸 것인가 하는 글쓰기에 대한 문제의식은 문학텍스트의 성립에 필수적인 "본질적 골수"로서 앞으로도 작가들의 중심 화두로 계속 남을 것이기 때문이다.

참고문헌

I. 라블레 작품과 번역본

Pantagruel, Première édition critique par V.L. Saulnier, Droz, 1965

Gargantua, Première édition critique par M.A. Screech, Droz, 1970

Le Tiers Livre, Edition critique, commentée par M.A. Screech, Droz, 1974

Le Quart Livre, Edition critique, commentée par Robert Marichal, 1947

Pantagrueline prognostication pour l'an 1533 avec les Almanachs pour les ans 1533, 1535 et 1541, Textes établis par M.A. Screech, Droz, 1974

Œuvres complètes, Edition établie et annotée par Jacques Boulenger, Bibliothèque de la Pléiade, Gallimard, 1955

Œuvres complètes, Edition établie, présentée et annotée par Mireille Huchon, Bibliothèque de la Pléiade, Gallimard, 1994

Œuvres complètes, Edition critique, annotée et préfacée par Guy Demerson, avec la translation de Guy Demerson, Editions du Seuil, 1973 et 1995

Les Cinq Livres, Gargantua/Pantagruel/Le Tiers Livre/Le Quart Livre/Le Cinquième Livre, Edition critique de Jean Céard, Gérard Defaux et Michel Simonin, La Pochothèque, Le Livre de Poche, 1994

Gargantua and Pantagruel, Translated by Thomas Urquhart and Peter Motteux, with an Introduction by Richard Cooper, Wordsworth Classics of World Literature, 1999

The Complete Works of François Rabelais, Translated by Donald M. Frame, University of California Press, 1991

The Histories of Gargantua and Pantagruel, Translated and with an Introduction by J.M. Cohen, Penguin Books, 1955

Gargantua and Pantagruel, Translated and edited with an Introduction by M.A. Screech, Penguin Books, 2006

『ラブレー 第一之書 ガルガンチユワ物語』, 『ラブレー 第二之書 パンタグリュエル物語』, 『ラブレー 第三之書 パンタグリュエル物語』, 『ラブレー 第四之書 パンタグリュエル物語』, 『ラブレー 第五之書 パンタグリュエル物語』, 導辺一夫 역, 岩波書店, 1973, 1974, 1975

『ガルガンチュアとパンタグリュエル1 ガルガンチユア』, 『ガルガンチュアとパンタグリュエル2 パンタグリュエル』, 『ガルガンチュアとパンタグリュエル3 第三の書』, 『ガルガンチュアとパンタグリュエル4 第四の書』, 『ガルガンチュアとパンタグリュエル5 第五の書』, 宮下志朗 역, ちくま文庫, 2005, 2006, 2007, 2009, 2012

『가르강튀아와 팡타그뤼엘』, 민희식 역, 세계문학전집 8, 을유문화사, 1979

『가르강튀아/팡타그뤼엘』, 유석호 역, 대산세계문학총서 35, 문학과지성사, 2004

『팡타그뤼엘 제3서』, 『팡타그뤼엘 제4서』, 유석호 역, 한국학술진흥재단 학술명저번역총서 서양편 32,33, 한길사, 2006

II. 라블레 소설의 기원

Bakhtine, Mikhaïl, *L'Œuvre de François Rabelais et la culture populaire au*

Moyen Age et sous la Renaissance, Traduit du russe par Andrée Robel, Bibliothèque des idées, Gallimard, 1970

_______________, *La Poétique de Dostoïevski*, Traduit du russe par Isabelle Kolitcheff, Collection Pierres vives, Editions du Seuil, 1970

_______________, *Esthétique et théorie du roman*, Traduit du russe par Daria Olivier, Collection Tel, Gallimard, 1978

Beaujour, Michel, *Le Jeu de Rabelais*, L'Herne, 1968

Belleau, André, *Notre Rabelais*, Boréal, 1990

Berrong, Richard M., *Rabelais and Bakhtin, Popular Culture in* Gargantua *and* Pantagruel, University of Nebraska Press, 1986

Fusillo, Massimo, *Naissance du roman*, Traduit de l'italien par Marielle Abrioux, Collection Poétique, Editions du Seuil, 1989

Hose, Martin, *Kleine griechsche Literaturgesschichte*, 『희랍 문학사』, 김남우 역, 작은이야기, 2010

Kinser, Samuel, *Rabelais's Carnival, Text, Context, Metatext*, University of California Press, 1990

Kline, Michael B., *Rabelais and the Age of Printing, Etudes rabelaisiennes*, XVI, Droz, 1977

Lord, Albert B., *The Singer of Tales*, Havard University Press, 1981

Ong, Walter J., *Orality and Literacy*, Routledge, 1988

Pageux, Daniel-Henri, *Naissances du roman*, Klincksieck, 2006

Pérouse, Gabriel-A., *Nouvelles françaises du XVIe siècle, Images de la vie du temps*, Droz, 1977

Robert, Marthe, *Roman des origines et origines du roman*, Collection Tel, Gallimard, 1972

Zumthor, Paul, *Introduction à la littérature orale*, Collection Poétique, Editions du Seuil, 1972

_______________, *Essai de poétique médiévale*, Collection Poétique, Editions du Seuil, 1972

_______________, *La Lettre et la voix*, Collection Poétique, Editions du Seuil, 1987

Conteurs et romanciers de la Renaissance, Mélanges offerts à Gabriel-A. Pérouse, Etudes recueillies et présentées par James Dauphiné et Béatrice Périgot, Honoré Champion, 1997

Le Roman français au XVIe siècle ou le renouveau d'un genre dans le contexte européen, sous la direction de Michèle Clément et Pascale Mounier, Presses Universitaires de Strasbourg, 2005

Rabelais-Dionysos, Vin, Carnaval, Ivresse, Actes du Colloque de Montpellier, 26-28 mai 1994, Actes réunis et publiés par Michel Bideux, Editions Jeanne Laffitte, 1997

유석호, "카니발의 문학 – 라블레 소설의 바흐친적 해석", 『인문과학』, 연세대학교 인문과학연구소, 제69,70합집, 1993, 225-253쪽

_____, "라블레 소설과 구전문학의 전통", 『인문과학』, 제76,77합집, 1997, 341-359쪽

_____, "라블레 소설과 민중문화의 전통", 『프랑스고전문학연구』, 한국프랑스고전문

학회, 제2집, 1999, 43-62쪽

III. 라블레 소설의 모델들

Bocacce, *Le Décaméron*, Traduction par Jean Bourciez, Classiques Garnier, 1988

Céard, Jean, "Rabelais, lecteur et juge des romans de chevalerie", *Etudes rabelaisiennes*, XXI, Droz, 1988, pp.237-248

Colonna, Francesco, *Le Songe de Poliphile*, Traduction de l'*Hypnerotomachia Poliphili* par Jean Martin (Paris, Kerver, 1546), Edition de Gilles Polizzi, Imprimerie nationale, 2004

Correard, Nicolas, "Les *Histoires vraies* du Lucien français : De la poétique de l'incrédulité au regard moraliste du *Quart Livre*", *Le Verger-bouquet* 1, janvier 2012, pp.1-34

Demerson, Guy, "L'Utopie populaire de Cocagne et *le Disciple de Pantagruel*", *RHR(Bulletin de l'Association d'études sur l'humanisme, la réforme et la Renaissance)*, N°11, 1980, pp.75-83

_______________, "Paradigmes épiques chez Rabelais", *Etudes rabelaisiennes*, XXI, Droz, 1988, pp.225-236

Desrosiers-Bonin, Diane, "*Les Chroniques gargantuines* et la parodie du chevaleresque", *Etudes françaises*, 1996, tome32, vol.1, pp.85-95

______________, "Les romans(?) de Rabelais", Conférence prononcée à l'Université de Clermont-Ferrand le 18 décembre 1997 (source: http://agora.qc.ca/mot.nsf/Dossiers).

Eichel-Lojkine, Patricia, *Excentricité et humanisme, Parodie, dérision et détournement des codes à la Renaissance*, Droz, 2002

Erasme, *Eloge de la folie, Adages, Colloques, Réflexions sur l'art, l'éducation, la religion, la guerre, la philosophie, Correspondance*, Edition établie par Claude Blum, André Godin, Jean-Claude Margolin et Daniel Ménager, Robert Laffont, 1992

Folengo, Teofilo, *Histoire maccaronique de Merlin Coccaie, Prototype de Rabelais*, Avec des notes et une notice par G. Brunet, Nouvelle édition revue et corrigée sur l'édition de 1606 par P.L. Jacob, Garnier Frères, Editeurs, 1876

Genette, Gérard, *Palimpsestes*, Collection Poétique, Editions du Seuil, 1982

Larmat, Jean, *Le Moyen âge dans le* Gargantua *de Rabelais*, Les Belles Lettres, 1973

Lauvergnat-Gagnière, Christiane, "Rabelais lecteur de Lucien de Samosate", *CAIEF(Cahiers de l'Association internationale des études françaises)*, N°30, 1978, pp.71-86

Lucien de Samosate, *Œuvres complètes*, Traduction d'Emile Chambry, Robert Laffont, 2015

Mayer, C.-A., *Lucien de Samosate et la Renaissance française*, Editions Slatkine,

1984

More, Thomas, *L'Utopie ou le Traité de la meilleure forme de gouverner*, Traduction de Marie Delcourt, Garnier-Flammarion, 1987

Mounier, Pascale, *Le Roman humaniste : un genre novateur français 1532-1564*, Honoré Champion, 2007

Ogino, Anna, *Les Eloges paradoxaux dans* Le Tiers Livre *et* Le Quart Livre *de Rabelais, Enquête sur le comique et le cosmique à la Renaissance*, Librairie-Editions, France Tosho, 1989

Platon, *Œuvres complètes*, Traduction et notes par Léon Robin et M.J. Moreau, tome I, II, Bibliothèque de la Pléiade, Gallimard, 1950

Plattard, Jean, *L'Œuvre de Rabelais (Sources, invention et composition)*, Champion, 1967

Sainéan, Lazare, *La Langue de Rabelais*, Slatkine Reprints, 1974

Smith, Paul J., *Voyage et écriture, Etude sur le* Quart Livre *de Rabelais, Etudes rabelaisiennes*, XIX, Droz, 1987

Tetel, Marcel, "Rabelais and Folengo", *Comparative Literature*, XV, 1963, pp.357-364

Zaercher, Véronique, *Le Dialogue rabelaisien*, Le Tiers Livre *exemplaire, Etudes rabelaisiennes*, XXXVIII, Droz, 2000

______________, "Les Dialogues héroïques du *Quart Livre* de Rabelais", *RHR*, N°54, 2002, pp.79-93

Le Disciple de Pantagruel (Les Navigations de Panurge), Edition critique, publiée par Guy Demerson et Christiane Lauvergnat-Gagnière, Nizet, 1982

Les Chronicques gargantuines, Edition critique par Christiane Lauvergnat-Gagnière et Guy Demerson, Nizet, 1988

Rabelais, aux confins des mondes possibles, Quart Livre, Ouvrage coordonné par Myriam Marrache-Gouraud, PUF, 2011

Romans grecs et latins, Textes présentés, traduits et annotés par Pierre Grimal, Bibliothèque de la Pléiade, Gallimard, 1958

유석호, "라블레 소설에서의 모방과 변형", 『프랑스 고전문학 연구, 르네상스에서 고전주의까지』, 이환 교수 정년기념논문집, 민음사, 1995, 34-56쪽

_____, "라블레 소설의 모델들 : 기사도 소설과 연대기", 『프랑스고전문학연구』, 한국프랑스고전문학회, 제13집, 2010, 131-159쪽

_____, "라블레 소설의 모델들(II) : 대화록", 『프랑스고전문학연구』, 제17집, 2014, 59-93쪽

_____, "라블레 소설의 모델들(III) : 환상적 연대기", 『프랑스고전문학연구』, 제18집, 2015, 91-123쪽

IV. 이야기꾼 알코프리바스 - 새로운 글쓰기 방식

Booth, Wayne C., "The Self-Conscious Narrator in Comic Fiction before *Tristram Shandy", PMLA(Publications of the Modern Language Association of America)*, LXVII, 1952, pp.163-185

______________, *The Rhetoric of Fiction*, The University of Chicago Press, 1961

Cave, Terence, *The Cornucopian Text, Problems of Writing in the French Renaissance*, Oxford at the Clarendon Press, 1979

Cohen, Marcel, "Comment Rabelais a écrit", *Europe*, XCV-XCVI, 1953, pp.1-72

Coleman, Dorothy-G., *Rabelais : A Critical Study in Prose Fiction*, Cambridge University Press, 1971

Defaux, Gérard, *Pantagruel et les Sophistes, Contribution à l'histoire de l'humanisme chrétien au XVIème siècle*, Martinus Nijhoff, 1973

______________, "Rabelais et son masque comique", *Etudes rabelaisiennes*, XI, Droz, 1974, pp.89-136

Demerson, Guy, *François Rabelais*, Fayard, 1991

______________, *Humanisme et facétie, Quinze études sur Rabelais*, Paradigme, 1994

______________, *L'Esthétique de Rabelais*, SEDES, 1996

Demonet, Marie-Luce, *Les Voix du signe, Nature et origine du langage à la Renaissance (1480-1580)*, Champion-Slatkine, 1992

Démoris, *René, Le Roman à la première personne*, Publications de la Sorbonne 15, Armand Colin, 1975

Desrosiers-Bonin, Diane, *Rabelais et l'humanisme civil, Etudes rabelaisiennes*, XXVII, Droz, 1992

Gendre, André, "Le Prologue de *Pantagruel,* le prologue de *Gargantua* : examen comparatif", *Revue d'Histoire Littéraire de la France*, LXXIV, 1974, pp.3-19

Genette, Gérard, *Figure III*, Collection Poétique, Editions du Seuil, 1972

Glauser, Alfred, *Rabelais créateur*, Nizet, 1974

___________, *Le Faux Rabelais ou De l'inauthenticité du* Cinquième Livre, Nizet, 1975

Gray, Floyd, "Ambiguity and Point of View in the Prologue to *Gargantua*", *Romanic Review*, LVI, 1961, pp.12-21

___________, *Rabelais et l'écriture*, Nizet, 1974

___________, *Rabelais et le comique du discontinu*, Honoré Champion, 1994

Grève, Marcel de, *L'interprétation de Rabelais au XVIe siècle, Etudes rabelaisiennes*, III, Droz, 1961

Huchon, Mireille, *Rabelais grammairien : De l'histoire du texte aux problèmes d'authenticité, Etudes rabelaisiennes*, XVI, Droz, 1981

_______________, *Rabelais*, Gallimard, 2011

Jeanneret, Michel, *Le Défi des signes, Rabelais et la crise de l'interprétation à la Renaissance*, Paradigme, 1994

Keller, Abraham C., *The Telling of Tales in Rabelais : Aspects of His Narrative Art, Analecta Romanica*, Heft 12, 1963

Kittay, Jeffrey S., "From Telling to Talking : a Study of Style and Sequence in Rabelais", *Etudes rabelaisiennes*, XIV, Droz, 1977, pp.109-218

Paris, Jean, *Rabelais au futur*, Editions du Seuil, 1970

Rigolot, François, *Les Langages de Rabelais, Etudes rabelaisiennes*, X, Droz, 1972

Saulnier, V.-L., *Rabelais dans son enquête I, La Sagesse de Gargantua, Le Dessein de Rabelais*, CDU et SEDES réunis, 1983

___________, *Rabelais dans son enquête II, Etudes sur* le Quart et le Cinquième Livre, CDU et SEDES réunis, 1982

Screech, M.A., *Rabelais*, Traduit de l'anglais par Marie-Anne de Kisch, Bibliothèque des idées, Gallimard, 1992

Tetel, Marcel, "La Valeur comique des accumulations verbales chez Rabelais", *Romanic Review*, LIII, 1962, pp.96-104

___________, *Etude sur le comique de Rabelais*, Florence, Olschiki, 1964

Tournon, André, *<<En sens agile>> Les Acrobaties de l'esprit selon Rabelais*, Honoré Champion, 1995

Youh, Seuk-Ho, *Les Métamorphoses d'Alcofribas dans l'oeuvre de Rabelais : l'image du conteur et son rapport avec le texte*, Thèse du doctorat de 3e cycle, Université Lyon 2, mai 1983

Rabelais's Incomparable Book, Essays on His Art, Edited by Raymond C. La Charité, French Forum, Publishers, 1986

V. 라블레 소설의 현대성

Blanchard, Gérard, "Rabelais, le langage et la typo-graphie", *Communication et langages*, N°22, 1974, pp.83-93

Brunel, Pierre, *Don Quichotte et le roman malgré lui*, Klincksieck, 2006

Butor, Michel, *Répertoire II*, Editions de Minuit, 1964

Cervantès, Miguel de, *L'ingénieux hidalgo don Quichotte de la Manche*, Traduction française de Louis Viardot, 2 vols. Garnier-Flammarion, 1969

Chézaud, Patrick, "Langage naturel et art du roman chez Laurence Sterne", *XVII-XVIII, (Bulletin de la société d'études anglo-américaines des XVIIe et XVIIIe siècles)*, N°41, 1995, pp.113-122

Coron, Antoine, *Avant Apollinaire vingt siècles de poèmes figurés*, Le mot et le reste, 2005

Diderot, Denis, *Jacques le Fataliste et son maître*, Collection Folio, Gallimard, 1973

Dupas, Jean-Claude, "*The Life and Opinions of Tristram Shandy* : une rhapsodie grotesque", *XVII-XVIII*, N°6, 1978, pp.61-75

Guiter, Henri, "De Rabelais à Cervantes ou les héros de la démesure", *Lettres d'humanité, Bulletin de l'Association Guillaume Budé*, N°19, décembre 1960, pp.579-622

Hautcoeur, Guiomar et al., *Naissance du roman moderne* : Rabelais, *Tiers Livre*, Cervantès, *Don Quichotte*, Sterne, *Tristram Shandy*, Collection Clefs concours, Atlande, 2007

Hutcheon, Linda, "Modes et formes du narcissisme littéraire", *Poétique*, XXIX, 1977, pp.90-106

Sareil, Jean, *L'Ecriture comique*, PUF, 1984

Sterne, Laurence, *The Life and Opinions of Tristram Shandy, Gentleman*, Penguin Books, 1978

Verrier, Jean, "Le récit réfléchi", *Littérature*, N°5, 1972, pp.58-68

Vigliano, Tristan, "Du nouveau sur la Dive Bouteille de Rabelais – Microlecture iconotextuelle", *Complications de texte : les microlectures, Fabula LHT (Littérature, histoire, théorie)*, N°3, URL: http://fabula.org./lht/3/Vigliano.html.

Commencements du roman, Conférences du séminaire de Littérature comparée de l'Université de la Sorbonne Nouvelle, Textes réunis par Jean Bessière, Honoré Champion, 2001

Naissance du roman moderne : Rabelais, Cervantès, Sterne, Etudes recueillies et introduites par Christian Michel, Publications des Universités de Rouen et du Havre, 2007

김성균, 『*Tristram Shandy* 연구 – 작가의 독자 의식과 소설의 구성』, 연세대학교 대학원, 1979

유석호, "언어의 유희성과 번역의 한계", 『번역문학』, 제4집, 연세대학교 번역문학연구소, 2002, 57-70쪽

_____, "라블레 소설의 현대성", 『불어불문학연구』, 한국불어불문학회, 제75집,

2008, 247-282쪽

_____, 말의 형상화 – 라블레의 시각적 언어 실험", 『인문과학』, 제97집, 연세대학교 인문학연구원, 2013, 267-290쪽

『영국소설과 서술기법』, 한국근대영미소설학회 편, 신아사, 2010